松岡幹夫

創価学会の思想的研究

〈上巻〉平和・非暴力編

第三文明社

「創価信仰学」への道のり——まえがきに代えて

今日までの創価学会研究は、その政治活動や宗教運動を考察対象とし、現代社会への影響を論じるものが大半を占めていた。創価学会を純粋に思想的な研究対象とする動きは、ほとんど見られなかった。しかしながら、そうした傾向にも少しずつ変化が表われている。創価学会が、日本のみならず海外でも広範な民衆層に支持されているのは、その思想が独自の吸引力を持つからだろう。そこに注目する有識者が、徐々にではあるが、増えてきている。

私は長年にわたって、創価学会に関する思想的な研究を行い、得られた成果を口頭で発表したり、学術誌等に投稿したりしてきた。今回、それらを集めて上下二巻とし、必要な修正等を加えて『創価学会の思想的研究』として世に問うことにした。創価学会の思想的吸引力の一端を解明することが、本書の目的である。

ところで、本書に収録された論考も含め、創価学会に内在する論理を読み解こうとする私の言論に対して、学界や論壇の反応は決まって冷淡であった。一番多かったのは黙殺である。日本の言論界には、今でも創価学会に触れることをタブー視する風潮がある。そこに加えて、松岡の説は偏《かたよ》った護教論で学問的ではなく、それを批判すること自体、同じ土俵に乗ることになる、こう受け止められた感がある。結論的に、まともな学者は相手にすべきでない、というわけだ。一部に、創価学会の思考を一般社会に翻訳しようとする私の努力を評価する声もあったが、多くは学会に好意的な筋から発せられていた。

また、創価学会の内部からも、じつに様々な意見があった。会内だけに、好意的な反応は多かったが、耳の痛い指摘も少なからずあった。具体例を挙げれば、難解な理屈が先行して実践知が足りない、といった印象を抱く学会員がいたかと思えば、論理が飛躍していて外部には通用しない、と評する人もいたと聞く。

今にして思うと、そうした内外からの批判は、私がやろうとしていたことに私自身が無知だったために起きたようにも思える。つまり、私は、純粋に学者の立場でもなければ、純粋に信仰者の立場でもないところから、創価学会を論じていた。それが、学会の内部から見ても外部から見ても、中途半端な態度に映ったのだろう。

私は、創価学会を内在的に理解する立場から研究を進めていたが、この内在的理解のあり方は、宗教学でいう内在的理解の方法とは根本的な意味で異なっていた。宗教学者が新宗教の研究等において用いる内在的理解は、調査対象である信仰者の内側に入り、その主観を把握しようとするものだ。信仰者の内側に入る点は、私も同じである。だが、事象の捉え方がまったく違う。宗教学者は、当事者の主観を学問の論理に従って記述する。どんなに信仰者に寄り添っていても、記述の仕方は外側である。これに対し、私の場合は記述の仕方まで内側である。すなわち、当事者として信仰そのものの論理に従い、それを学問的に説明しようとする。

創価学会における信仰の論理とは、仏教の論理に他ならない。これは学問の論理を超《こ》えたところにある。「即」「不二」など、矛盾を矛盾のまま一致させる仏教の論理は、一般論理学の三原則（同一律・矛盾律・排中律）を超えている。したがって、仏教の論理に基づく創価学会の思想を、単に学問の論理で記述しても、真に内在的に理解したことにはならない。

私は、このような見解から、宗教学的な創価学会研究に方法論的な疑問を持ち、どこまでも信仰の論理＝仏教の論理に立った創価学会の内在的理解を心がけてきた。ただし、この態度は、すでに一般的な学問の枠組みを超えてしまっている。このことに気づいたのは、キリスト教の神学、特にプロテスタント神学を本格的に知るようになってからだった。

私は、仏教の論理に従って創価学会を論じていたのだが、これは一般の学問よりも神学のアプローチに近い。周知のとおり、神への信仰を前提に宗教的な考察を行うのが神学である。もっとも、神学には学問的な神学もあって、内実は多種多様である。私が最も関心を持ったのは、学問的な自由主義神学を批判して神と人間の質的な差異を強調した現代の著名な神学者K・バルトの思想であった。彼の立場は新正統主義とも呼ばれるが、人間の考えよりも「神の言葉」に基づく姿勢は、人間の理性を超えた仏教の論理から出発する私の問題意識と重なり合うように見えた。

そこで、バルト神学を参照しながら、さらに自分の立ち位置を確認していくと、立脚点とする「仏教の論理」の背後に隠れていたものが、徐々に見えてきた。まず立ち現れたのは、日蓮仏教である。本来、仏教の論理は釈尊の論理である。だが、私は、物心ついた時から日蓮信仰者であり、最初に日蓮仏教を通じて釈尊の仏教を知った。その後、研究者となる過程で各宗派の仏教観や様々な仏教学者の所説を吸収したが、私の仏教理解の基底には常に日蓮仏教があった。

そして、次に問題になるのは、私の日蓮理解のあり方である。二十一世紀に生きる私たちが、十三世紀の日蓮大聖人から直接教えを受けることはできない。必ず誰かを介して日蓮仏教を理解している。それによって、解釈がかなり異なってくる。私に関しては、創価学会を通じて日蓮仏教を理解している。

ちなみに、創価学会では日蓮仏教のことを「日蓮仏法」と称する。「仏教」(Buddhism)とは釈尊が創始した宗教を指す言葉だが、西洋近代が創造した概念である。日本では、明治に入ってしばらくしてから使われ始めている。それ以前には、「仏法」という言葉がよく用いられていた。日蓮大聖人の御書(遺文)を読むと「仏法」も「仏教」も見られるが、今日的な「仏教」の意味に通じるのは、むしろ「仏法」のほうである。その点から言えば、じつは「日蓮仏法」という表現が歴史的には正統である。また、仏の教えを受けるだけでなく、仏法を実践するという主体的な意識が、「日蓮仏法」という表現に込められているのかもしれない。いずれにせよ、私は、創価学会が考える「日蓮仏法」の立場から日蓮仏教を理解している。

話はここで終わりではない。もっと言うなら、創価学会の信仰指導者の中でも、第三代会長の池田大作先生が私の直接の師である。創価学会の憲法にあたる「創価学会会憲」では、初代から三代までの「三代会長」を「永遠の師匠」と規定している。ただ、初代の牧口常三郎先生や第二代の戸田城聖先生は故人であり、今日、その謦咳《けいがい》に接した人は極めて少ない。私も含め、ほとんどの創価学会員は、池田先生を通じて日蓮仏法を学び、実践している。そのうえで、池田先生によって牧口先生、戸田先生の教えにも触れている。結局、私が知る創価学会とは、あくまで池田先生を通した創価学会なのである。

こう見てくると、私の仏教理解の根源的な出発点は、池田先生であることがわかる。私は、池田先生から創価学会へ、創価学会から日蓮仏法へ、日蓮仏法から釈尊の仏教へ、という流れで仏教を理解している。これについては、学問的に受け入れられなくても、神学的な見地からは成り立つのではないかと考えている。バルトの神学では、イエス・キリストを「出来事」(Sache) として捉える。そして、「キリストの出来事」に神の臨在を認める立場から神学を構成する。これに準じて考えるならば、現在の創価学会員にとっては、池田先生がまさに根源的な「出来事」だろう。それは歴史の中で歴史を超えた永遠に出会うことであり、そこに仏法の不可思議が現前している。神学の言葉で「原歴史」（Urgeschichite）と呼ばれるものにも通じていよう。事実、学会員は日々、池田先生を通じて仏法という根源性に触れている。

池田先生があって初めて、御本尊は御本尊となり、御書は御書となり、日蓮大聖人は日蓮大聖人になる――これは、学会員が皮膚感覚で知る信仰のリアリティである。またこれは、仏教の「実現者」から出発する信仰をも意味している。仏教の「創始者」は釈尊だが、それを人類救済の宗教とした「完成者」は日蓮大聖人であり、さらにそれを現実に証明した「実現者」は創価三代の会長、なかんずく池田先生である。少なくとも創価学会の信仰では、そう言って差し支えない。学会員にとっては池田先生こそ仏教の実現者であり、それゆえに池田先生から出発することが、最も確実に仏教を知る道なのである。

ここにおいて、私の方法論的な立場はようやく定まった。研究の出発点を、過去のテクストでなく、今ここにある信仰に置く。すなわち、過去の言語的な記録でなく、現在の信仰の出来事を真のリアリティと捉える。現在の創価学会で起きている信仰上の事実、それは池田先生という仏教実現者の出来事である。私は、そこから出発する。そうして、仏教学者のように過去から現在を見るのでなく、逆に現在から過去を見る。つまり、池田先生から出発して日蓮仏教や釈尊の仏教を見ていく。これが、じつは最もリアルに仏教を捉える方法であり、真の意味で創価学会を内在的に理解することになるだろう。

歴史史料に示された事実を丹念に調べ上げ、可能な限り史実に基づいて仏教を理解する。それが客観的な仏教論だと、私たちは教え込まれてきた。だが、史料を十分に集め、適切に解釈さえすれば、仏教を理解したことになるのだろうか。仏典等の史料は、それを言語情報として受け取る限り、生きた仏教の現実を抽象化したものにすぎない。目の前のコーヒーの豊潤な香りを言葉でいくら説明しても限界があるように、言語の史料が仏教のリアリティというわけではないのだ。それよりも、現在まさに起きている信仰の出来事を体験的に思考し、それを通じて仏典等を解釈するほうが、よほど確実な研究になるのではないか。少なくとも一つのアプローチとして、これは認められるべきだと思う。

誤解を防ぐために言うが、私は、何もバルト神学的な仏教研究を行おうとしているのではない。そもそもバルト神学と違って、仏教は絶対者と人間の質的な断絶を認めない。仏と人間は「不二」である。平たく言ってしまえば、「違うが同じ」である。ただ、その「違う」の面が、現代の仏教研究では深く掘り下げて論じられてこなかった。すなわち、仏の教えの超越性が意識されず、仏教を安易に人間の学問の範囲で理解する傾向にある。

仏の甚深《じんしん》の智慧《ちえ》は声聞《しょうもん》や縁覚《えんがく》という聖者でも絶対にわからない。けれども、その仏の智慧は万人に開かれている。これが『法華経』の主張である。仏の智慧は人間を超えて人間に帰る。私がバルトに注目するのは、仏教研究において「人間を超える」という仏の超越性を取り戻すためである。それとともに「人間に帰る」という仏の内在性を忘れなければ、バルトが神学と哲学を切り離したようにはならない。法華経的な学の立場は、哲学のみならず人間の学問万般を大いに尊重し、自在に生かすであろう。現に、池田先生は、そのような学問論を展開している。ヒューマニズムに対する態度も違う。神の「ヒューマニズム」なら認めようとしたバルトに対し、人間に仏それ自体を見る「人間主義」を提唱するのが池田先生である。

要するに、私は、バルト神学に刺激を受けつつも、神学とは異なる、仏教ならではの信仰の学知を求めているのである。したがって、これは「仏教神学」と呼ぶべきではない。どこまでも仏教の信仰学である。そして、私は今、創価学会の信仰の出来事から出発する仏教研究を行おうとしている。ゆえに、これを「創価信仰学」と称することにした。もちろん、創価学会には教団としての教学がある。ある意味では、それが創価信仰学であると言えなくもない。学会教学と創価信仰学の違いを述べるならば、後者が前者よりも仏教学、宗教学、哲学、倫理学等々の学問を補助学として積極的に取り入れ、信仰を基盤に理性を統合しようとするところである。理性を包括できるかどうかは、その信仰の完全性をはかる尺度となろう。創価信仰学は、諸般の学問を補助学として十分に活用しなければならない。それは「仏教の学問化」ではなく「学問の仏教化」を意味する。

考えてみると、創価学会の初代から三代に至る会長は、いずれも既存の学問を日蓮仏法に結びつけようとしていた。その方向性は「学問の仏教化」だったように思う。初代会長・牧口常三郎先生の「大善生活論」は、西欧の価値哲学の仏法化に他ならなかった。二代会長・戸田城聖先生の「生命論」も、当時の天文学や生物学の知識を仏法の生命観に包括しようとするものだった。第三代会長・池田先生に至っては、ノーベル賞受賞者を多く含む、世界中の著名な学識者と膨大な数の対談集を残し、あらゆる学問の最先端が仏法の智慧に通じていくことを教えている。

その一方で、三代の会長は、仏教学や宗教学等の学問によって教団の教学が支配されることには反対していた。「仏教の学問化」(1)を誡《いまし》めたわけである。「神学や宗教学から宗教信仰に入ろうとするのは全く本末顚倒である」と、学問かぶれの信仰者を指弾《しだん》したのは、初代の牧口先生であった。ここに言う「神学」とは、学問的神学を指すのだろう。第二代の戸田先生は、近代ヨーロッパの仏教学とそれに追随する日本の仏教学が仏教の本義を捉え損ねているとし、それを「実証主義の悲劇」(2)として総括したとされる。さらに、第三代の池田先生は、学問が仏法の真理の一部分しか解明できないことを事あるごとに強調してきた。例えば、次のような池田先生の言説が残されている。

世界には、さまざまな学問、哲学、論議があるが、人類の最大の難問である生命の本質、「幸福」の確立という根本課題には解決を与えていない……（日蓮）大聖人の「大海の仏法」はあらゆる優れた思想、哲学を包含している。決して排他的な、また偏狭なものではない。先駆的な各分野の学問の成果も、すべて妙法を証明していくことになるのである。

さまざまな川も、海に入れば、一つの海の味になるように、人類の根本的幸福へと、それらは仏法の一分として使われ、生かされていく。(3)

日蓮仏法は、大海のごとく万般の学問を包含する。また、学問だけでは、人生の根本問題は解決できない。ゆえに、仏法の智慧で学問を指導し、縦横に生かして使うべきである――。こうした考え方が、池田先生の学問論の基本にある。

以上のように見てくると、創価三代の会長が、日蓮仏法に基づく独自の信仰の学を志向していたことは明らかだろう。であれば、池田先生の弟子である私たちには、三代会長が構想した創価の信仰学を発展させ、世界宗教にふさわしい学の体系に整備しゆく責務があるのではないか。そう強く思うようになり、昨年の春、ついに私の事務所を創価信仰学の研究拠点と定め、まことに小さな研究所を開いた。名前は「創学研究所」という。当初は私個人の研究所として出発したが、現在は若干の賛同者も集まり、インターネットのＨＰ（https://www.sogakuken.com/）も開設した。定期的に研究会や会議等を行いながら、研究成果の蓄積を進めている状況である。

こうして昨年から私は、信仰学者として新たなスタートを切った。音楽で言えば、仏教学者は評論家であり、信仰学者は演奏家である。仏教学者は、コンサートホールの客席で音楽を聴くように仏の言葉に耳を傾け、外側から評論家として仏教を語る。それに対し、信仰学者は、演奏家が音楽と一体化するように仏の出来事の中に入り、その内側から仏教を語るのである。

また、創価学会の信仰学は外部に開かれた学である。今日、世界と日本に及ぼす創価学会の影響力は大きい。その世界教団の内部論理を普遍的に提示する作業は、一定の社会的意義を有するであろう。さらに、創価信仰学には、世の中のあらゆる学問を存分に生かそうとする思想的ダイナミズムがある。これはキリスト教神学にない特徴であり、創価学会が世界宗教となった時には新たな人類文明を創出する可能性を秘めている。したがって、創価信仰学が創価学会員以外には無関係だなどと、筆者は毛頭考えていない。創学研究所をつくったのも、第一に社会に向けて成果を発信するためである。

少し話はそれるが、創価学会の信仰を保ちながら学術的な活動をしていると、しばしば学問的見解と宗教的信念の対立に悩ませられることがある。特に、人文科学や社会科学の分野で仏教を研究テーマに選んだ学会員の心情は、かなり複雑であろう。私自身、その一人であるが、かつては「信仰は信仰」「学問は学問」と割り切っていた。一種のダブル・スタンダードで、何とか切

り抜けていたのである

この種の葛藤は、宗教者が近代的な理性の受容を迫られた際に、必ず直面するものに違いない。十八世紀のドイツで、ネオロギー（Neologie）と呼ばれる新しい神学運動が起きた。彼らは、信仰と理性がどこまで折り合えるのかを見定めようとし、やがて信仰重視の敬虔《けいけん》主義者と理性重視の啓蒙主義者に分かれていったという。同じような事態が今、創価学会の周辺でも起き始めている気がする。伝統的な教学にどの程度、理性的、科学的な見方が取り入れられるのか。その可能性を探る動きが、特に創価学会が日蓮正宗と別れて以降、次第に本格化しているという感を深くする。

民主主義の社会に生きる私は、自分の自由意志に基づいて信仰している。そして、学問の世界では、基本的に何を言っても自由とされている。当然、時には自由な信仰と自由な学問が対立する状況が生じる。そこで、「信仰は信仰」「学問は学問」と割り切り、ダブル・スタンダードの態度をとるのが穏便な解決法となる。しかしながら、これは一時しのぎでしかない。私の心は一つしかない。宗教的信念と学問的見解を都合よく使い分ける芸当など、本来はできるはずもない。宗教的信念か、学問的見解か、真意はどちらか一つである。宗教的信念に真意があるなら学問的見解に確信は持てないだろうし、学問的見解に真意があるなら宗教的信念を捨てたのも同然である。結局、今のままでは学問人としても信仰者としても欺瞞《ぎまんてき》的なのである。何とかしなければならない。私が創価信仰学を構想し始めた背景には、こうした思いもあった。

付記すると、右に述べたダブル・スタンダードの悲劇を回避する方法が、信仰学の形成以外に、もう一つ考えられる。それは、伝統的な教学を学問的に問題ない方向へと誘導していくことだ。文献学や歴史学、宗教学等の知識を駆使して学会教学の学問性を高めることができたならば、確かに学問的見解と宗教的信念の対立は和《やわ》らぐ。だが、この方法は、純粋に学問的に見えて、じつは教団政治的な動きにもなりかねない。

フランス革命の時期に、キリスト教神学の世界で教会的な神学と学問的な神学の対立が起きた。このうち、学問的神学は教会嫌いの神学であり、当時の歴史学や聖書学の知識を使って、教会におけるドグマや聖書の読み方を批判した。その狙いは教会制度の批判であり、イエスの純粋な教えへの回帰によって、教会を必要としない私事化《しじか》されたキリスト教が目指された。教会批判は政治的な動きであるが、その際に学問的な見解が持ち出されたわけである。

このように、教団の教義に学問を積極的に取り入れると、制度批判に結びつく危険性が出てくる。特に、文献学が好む原典への回帰は、原典と異なる教団の現状を批判する態度を導きやすい。創価学会においても、伝統教学に学問的成果をどの程度反映させるかについては、相当に慎重な判断が必要となろう。すでに述べたとおり、創価三代の会長は、「仏教の学問化」に鋭く警鐘を鳴らしている。「学問の仏教化」をはかって教学と学問を接触させることに異論はないが、そこで逆に「仏教の学問化」が進む可能性もあるのである。

近代に入ってから、日蓮教学の学問化をリードしてきたのは、日蓮宗を母体とする立正大学の宗学者たちだった。とりわけ、浅井要麟《ようりん》が提唱した日蓮遺文の文献学的研究は大きな潮流となり、いまや日蓮研究者が避けて通れない方法論的な前提となっている。しかしながら、「大崎教学」（立正大学仏教学部が東京都品川区大崎にあることにちなんだ通称）と称される彼らの教学は、典型的な「仏教の学問化」であろう。主観的と言われようが、私にはそう思える。文献学が許容する範囲内でのみ教義を考え、信仰上の「日蓮大聖人」を歴史学的な「日蓮」に矮小化《わいしょうか》し、仏教の論理を哲学の論理とはき違え、何よりもそこに生きた宗教の躍動を感じることができない。

創価学会は生きた宗教である。学者の才知で教団を支えなくとも、日本と世界への仏法流布を現実のものとした創価三代の会長がいる。なかんずく、将来、人類の教師になるであろう池田先生がいる。池田先生という仏法流布の出来事の中に全世界の学会員が入り、今ここで歓喜の人生を経験している。この生きた宗教の事実から出発しなければ、文献学的な根拠も、歴史学的な検証も、哲学的な考察も、まさしく机上の空論に終わるだろう。創価学会にあっては、いかに抜きん出た学者の知も、最後は三代会長の信仰を説明することに向けられねばならないと考える。

話を本書に戻そう。本書は、私が創価信仰学に行き着く途上で執筆した論考の数々を収録している。純粋に学術的なスタイルで書かれた論文もあれば、信仰学的な観点を盛り込んだ論文もある。初出も、博士論文の一部、研究所の紀要、新聞社のジャーナル、未公刊の論文、シンポジウムの発表原稿など様々である。それらの内容を整理し、「戦争と平和」「非暴力と死生観」「仏法と人権」「共生へのアプローチ」の四部構成とした。上巻である本書は、最初の二部からなり、創価学会にかかわる平和主義や非暴力思想、死生観、対話の思想などを題材に論じている。また、下巻は、創価学会の人間観、国家観、災害論、人権思想、エコロジー思想、共生思想を取り上げている。

最初に触れたように、創価学会の思想的な研究は、これから本格的に始まろうとしている。研究者としては、まず研究史をまとめ、問題点を摘出しなければならないところである。が、今回、それは行わないことにした。なぜならば、本書の位置づけは、純粋な学術研究の書というより、創価信仰学へと至る私の悪戦苦闘のドキュメントだからである。

その意味で、何点か、読者に説明しておきたいことがある。

第一に、本書の内容は、その多くが学術研究者の立場で書かれたものである。したがって、「日蓮大聖人」「池田先生」などと、今なら信仰学的に尊称を付している人物名が、「日蓮」「牧口」「戸田」「池田」と、学術的に敬称も略して記されている。もっとも、信仰者の立場から学術的に論じている論文もあり、その場合は「日蓮大聖人」「戸田会長」「池田会長」などと尊称や職名を付して表現している。このように一貫性を欠いた人物表記も、信仰学的な地平を求めて試行錯誤した私のありのままの記録である。読者各位には寛大な心でご理解いただきたい。

第二に、本書が純学術的ではないにしても、一定の学術的性格を持っている以上、どうしても扱う史料の文献学的な価値が気になるという読者もいるだろう。創価学会でいう日蓮仏法においては、釈尊の時代から数百年後にインドで成立したとされる大乗経典や、中国で作成された可能性が高い諸経典をも仏説と見なしている。また、日蓮大聖人の御書についても、創価学会の日蓮仏法では、『御義口伝』『百六箇抄』等の文献学的に疑わしい相伝書類を日蓮大聖人の直説《じきせつ》と拝する姿勢を貫いている。

いったん創価信仰学の立場に立てば、信仰の出来事の中で池田先生が「経典」「御書」と認めたものは、紛れもなく釈尊の経典であり、日蓮大聖人の御書である。その中で、文献学的に偽書説が濃厚なものがあっても一向に差し支えない。信仰学的に言って、仏の言葉の力は人間の歴史を超えているからだ。キリスト教神学において「宣教（ケリュグマ）」されたキリスト」が、実証的な歴史学の枠組みを超越したところにあるのと同じである。そして仏の言葉は、歴史の中では、時を隔てた師弟の共同作業として複数的になされることもある。この歴史的な複数性の言葉は、生命の現実的な自在性（十界互具・師弟不二）を強調する日蓮仏法ならではの視点と言ってよく、神学にはない見方であろう。

こうしたことから、私たちは、文献学が歴史的な真偽を考証するのとは別の次元で、「経典」「御書」と称するのである。ただし、文献学を無視する態度はとらない。種々の御書が歴史的な日蓮の作かどうかを調べることは、信仰学的には御書の超歴史性や歴史的な複数性の言葉を検証していく作業となる。

創価学会の信仰上は「御書」と拝される日蓮文書が、文献学的にはほぼ「偽書」と推定されている。そんな場合を考えてみよう。この対立は、信仰学から見る限り、何も憂《うれ》うべきことではない。揺るがぬ信仰を持った者は、文献学的事実が宗教的事実を浮き彫りにするためにこそある、と受け止める。創価信仰学が文献学を補助的に位置づけるのは、かかる意味においてである。文献学的事実は、宗教的事実を否定するのでなく、むしろ傍証するためにある。こう捉えたい。

そういうわけで、学術的ながら信仰学的な要素を含む本書は、創価学会が用いている「経典」「御書」を、文献学的な真偽論争があろうとなかろうと、そのまま認める立場をとっている。意外に忘れがちだが、学術的に考えても、数百年前、数千年前の宗教史料の判定に、絶対確実性などあり得ないだろう。キリスト教の神学は、近代の仏教学が誕生するはるか以前から、徹底的に聖書の文献学的な批判を行ってきた。その結果、わかったのは、文献学や歴史学が示せるのは、どこまで行っても蓋然性《がいぜんせい》（確からしさ）にすぎない、ということだったという。仏典や御書の研究についても、当然、同じ見解があてはまる。結局は蓋然性しか示せない文献学が、確たる信仰体験に根ざした創価学会の経典論や御書論を頭から否定するのは、第三者的に見ても不当なのである。

さて、第三に、社会思想の面から、釈迦《しゃか》仏教と日蓮仏教の違いについて述べておきたい。一般に、仏教には社会思想がないと言われる。釈尊の仏教を見ると、初期仏教では自己の解脱《げだつ》を説き、大乗仏教では利他の実践を教えている。どちらも主題は個人の救済であって、社会変革が直接的に唱えられたわけではない。これに対し、日蓮仏教は、救済の対象を個人にとどめず、現実の国家や全人類にまで広げている。いわゆる「立正安国」「一閻浮提《いちえんぶだい》広宣流布」といった社会変革的な宗教理念を、真正面から掲げるのである。ここに初めて、仏教の社会思想を本格的に考える視野が開けてくる。

とはいえ、本来、社会変革に消極的なはずの仏教が、なぜ日蓮仏教のように積極的になるのか。そのような疑問も生ずるだろう。釈尊の仏教を正統と考える人なら、日蓮仏教の社会変革志向は仏教の変質であり、いわば例外的なあり方とするかもしれない。しかし、私はそう考えない。なぜなら、創価信仰学を探究する者として、むしろ仏教の完成形が日蓮仏教だと思うからである。私から見て、日蓮仏教が社会変革を重視するのは、元々の仏教からの逸脱ではなく、仏教の最終到達点を捉えた展開である。

仏教は、釈尊が創始した宗教である。また、初期仏教以来の原則は「一世界一仏」である。人間が住む、この娑婆《しゃば》世界の仏は釈尊一人とされる。では、釈尊の滅後、私たちの世界には、永久に仏が出現しないのだろうか。『法華経』の寿量品における釈尊は、この娑婆世界にあって常に説法教化する（我常在此。娑婆世界。説法教化）と説いている。仏は入滅した後も、この娑婆世界に現れ、苦悩の民衆を救い続ける。この仏は、もはや単なる歴史上の釈尊ではない。「永遠の釈尊」であり、究極的には宇宙根源の仏を指している。

そうすると、仏教史に登場した偉大な仏弟子たちの足跡は、すべて「永遠の釈尊」すなわち根源の仏の活動とも捉えられよう。十三世紀の日本に日蓮大聖人が出現したのも根源の仏の活動である。そして、創価学会の教学では、日蓮大聖人が根源の仏をそのまま曼荼羅《まんだら》の「御本尊」に顕《あらわ》して全人類へと開き、仏教を完成させたと見る。つまり、釈尊が明確に示さなかった根源の仏を示したがゆえに、日蓮大聖人を仏教の完成者とする。この点において、釈尊を迹仏《しゃくぶつ》、日蓮大聖人を本仏と見るわけだが、決して本質的な優劣を意味するのではない。あくまで衆生救済の観点から見た差異である。存在の究極的本質から言えば、日蓮大聖人と釈尊は、ともに宇宙根源の仏として一体不二である。日蓮本仏論を確立した江戸期の大石寺法主・日寛上人は、このことを「本地自行の自受用身《じじゅゆうしん》」と「本因妙の教主釈尊」の一体論（『末法相応抄』）として説示している。[4]

要するに、言いたいのは次のことである。創価信仰学の立場をとる私は、釈尊と日蓮大聖人の一体不二論に立ったうえで、日蓮仏教に仏教の完成形を見る。それは宇宙根源の仏を顕した御本尊への信仰を説き、いわば宇宙全体の生命を動かす実践を勧めている。釈尊の仏教では、基本的に個人の生命の可能性を開く実践が中心となる。そのため、社会変革とダイレクトには結びつかない嫌いがあった。だが、日蓮大聖人の仏教は違う。御本尊を通じて宇宙全体の生命と交流する人は、自然のうちに個人を超え出て、社会へ、世界へ、と救済の範囲を広げていく。個人の心はもちろん、家庭も、政治も、経済も、文化も、芸術も、自然も、天体の運行も、宇宙のありとあらゆる現象が変革の対象となる。日蓮仏教の強烈な社会変革志向も、そこから生まれている。仏教の社会思想は、その完成形である日蓮仏教においてこそ、詳細に検討されなければならない。創価学会の日蓮仏法を理解しようとした本書が、社会思想的なテーマを多く扱っているのは、少しもおかしなことではないのである。

最後に、本書の引用文献や参考文献に関して述べる。本書に収録された諸論文は、元々学術的な体裁で書かれている。ただ、書籍化にあたっては、一般向けの表現に配慮する必要がある。それゆえ、原則として外国語の引用文献をそのまま掲載することは避け、代表的な邦訳のみを記すことにした。例えば、パーリ語やサンスクリット語の仏典からの引用は、初出論文にあった原典表記を省略している。

専門分野で論文を書く際には、引用した外国語文献の原典を示さなければならない。しかしながら、学問横断的、すなわち学際的な考察を行う時には、すべてにわたって外国語の原典にあたるわけにいかなくなる。文明論的な視座から自説を展開する場合などは、著名な学者でも、専門外の外国語文献の原典表記を省略し、翻訳書から引用することが少なくない。仏教とキリスト教の比較思想的な考察を行う仏教の専門家が、旧約聖書のヘブライ語原典や新約聖書のギリシャ語版から直接引用することは滅多《めった》にないと思う。そこに専門的な労力を費やしていたら、スケールの大きな研究ができなくなる。むろん、信頼できる邦訳書を探し、訳文について原典を確認する努力を怠《おこた》ってはならない。といっても、学問のパラダイム自体を問い直すような仕事にとって、翻訳書の価値は、文法的な正確さよりも、原著者の思想のエッセンスを捉えているかどうかで決まるのである。

書きたいことはまだあるが、このあたりで筆をおきたい。今後は、創価信仰学の形成に向けて、微力ながら貢献できればと考えている。バルトによれば、神学とは「不可能の可能性」に挑むことだという。人間は神ではないから、神について語り得ない。しかし、神学は神を語らなければならない。だから、「不可能の可能性」に挑まなければならない。そう主張するのである。この点に関して、創価信仰学はどう考えるのか。

人間の理性では、仏の智慧はつかめない。だが、創価学会員は御本尊を拝して仏の生命に直《じか》に触れている。それによって、人間の理性のままで仏の智慧を語ることが可能になる。日蓮仏法においては、仏と自己は断絶しながら連続している。不可能と可能は厳しく対峙する。それでも、不可能は可能なはずであり、可能なことにも不可能がはらまれている。そのような信仰世界の中で、学会員は「不可能と可能の間」を生きている。神と人間の弁証法的関係を重視するバルトの「不可能の可能性」に似ているが、不可能を絶対の前提とすることはない。不可能から出発しながらも、真実には不可能と可能の間に自由自在なのである。

創価学会の信仰の学は、知れば知るほど尽きない深みをたたえている。本書が、その一端を知る機会となれば、著者にとって望外の喜びである。

二〇二〇年二月　創学研究所にて

松岡幹夫

注

(1)『牧口常三郎全集』第八巻、第三文明社、一九八四年、六二頁。
(2)『池田大作全集』第一四七巻、聖教新聞社、二〇一三年、三三九頁。
(3)『池田大作全集』第七六巻、聖教新聞社、一九九七年、四五二〜四五三頁。
(4)堀日亨編『富士宗学要集』第三巻、創価学会、一九七七年、一六八頁。

創価学会の思想的研究

上巻　平和・非暴力編

《目　次》

《目　次》

第二部　非暴力と死生観

装丁・本文デザイン／阿部照子（テルズオフィス）

第一部

戦争と平和

第一章

仏教は絶対平和主義か

はじめに

二十世紀のドイツの哲学者K・ヤスパースは、暴力や異教徒の迫害をともなわない唯一の世界宗教が仏教であると強調した。キリスト教と比較して、仏教がおよそ暴力的、排他的な布教を行わなかった点を評価したのだが、現代の東南アジアではそれを覆《くつがえ》すような事態が進行している。

焦点となるのは、ミャンマー（旧ビルマ）である。同国では二〇〇七年、サフラン色と言われる法衣をまとった何千もの仏教僧らに率いられ、軍政による物価高騰に抗議する大規模なデモが行われた。この反政府デモは僧衣の色にちなんで「サフラン革命」と呼ばれる。ミャンマーの軍事政権は武力弾圧に出て寺院を襲撃し、多くの僧侶を逮捕・拘束《こうそく》したが、僧侶らは非暴力の抵抗を続けている。サフラン革命を通じ、仏教国ミャンマーに息づく非暴力の伝統が、改めて世界にアピールされる結果となった。

ところが、その一方で、ミャンマーの仏教徒による同国のイスラム教徒への暴力行動が次第にエスカレートし、これまた世界の耳目《じもく》を集めている。ミャンマーにおける仏教徒とイスラム教徒の対立は一九三〇年代に始まり、一九八〇年代以降、とりわけ最近になって激しさを増している。同国西部のラカイン州では、多数派の仏教徒が少数派のイスラム教徒を迫害し、二〇一二年には二百人近くのムスリムを殺害、十四万人の家を奪った。迫害されたムスリム側も仏教徒の家を焼き払うなどの報復行動を行い、当地の宗教間対立は増すばかりである。

欧米メディアは、ミャンマーにおける近年の仏教徒による暴動を「仏教徒テロ（Buddhist Terror）」と指弾《しだん》し、その黒幕にミャンマーの仏教界で七番目の高位にある四十代半ばの僧、ウィラトゥーがいると報じている。ウィラトゥーは、二〇〇一年にアフガニスタンで起きたイスラム原理主義者による仏教遺跡の爆破に衝撃を受け、「９６９運動」と称してイスラム教徒の店に対する不買運動の呼びかけを始めた。彼の主張は、仏教徒は穏やかで我慢強いから、この国でムスリムが増殖すればパキスタンやアフガニスタン等のように仏教の伝統が破壊される、仏教文明を守るためには血の犠牲を恐れず立ち上がるべきだ、ということである。

ウィラトゥーの登場は、多数派の仏教徒が少数派のイスラム教徒を迫害する動きの一部と見られ、彼がすべての暴動を煽動《せんどう》してきたわけではない。とはいえ、不殺生《ふせっしょう》と寛容を掲げる仏教の高僧でありながら異教徒への暴力的対応を容認し、イスラム陰謀論のようなヘイトスピーチを行っているのは事実であろう。上座部仏教が主流である東南アジア諸国において、このように排他的で暴力肯定的な仏教僧は異例と言えるが、じつはウィラトゥーが初めてではない。一九七〇年代のタイには〝共産主義者は人間でないから殺しても構わない〟と説く仏教僧がいた。また、スリランカでは一九八三年、仏教僧が率いるシンハラ人仏教徒が少数派タミル人ヒンドゥー教徒を襲撃、殺戮《さつりく》する事件が起きた。ミャンマーにあっても、すでに一九九四年、カレン族の武装組織から仏教徒を中心とする「民主カレン仏教徒軍（Democratic Karen Buddhist Army）」が分派独立し、戦闘を繰り返している。

　現代のミャンマー仏教に見られる非暴力抵抗とテロリズムの奇妙な併存は、いったい何を物語っているのか。同国での仏教徒の暴力行動には、信仰の問題よりも政治的な民族対立が深く関与しているように思われる。それでも、仏教徒が政治的な背景要因に抗して非暴力の信念を発揮できないのはなぜか、との疑問は残る。そして、この疑問は、仏教は一般人が考えるような絶対平和主義に立つのか、という問いに行き着くだろう。仏教史を振り返ると、釈尊（ブッダ）が教えた非暴力の信条とともに、状況次第で武力の使用を容認する考え方も見られなくはない。仏教の思想において、非暴力と暴力は本質的にどのような関係にあるのか。仏教の思想は絶対平和主義と言えるのか。本章では、この点の解明を試みる。

1 教団内の絶対平和主義と社会内の暴力の放置

仏教を創始した釈尊は、教団（サンガ）の出家修行者たちに非暴力と不殺生の倫理を説いた。「生きとし生けるものに対して暴力を用いない人」こそ〈道の人〉であり、暴力で生きものを害さなければ死後には幸せが得られる(1)——。初期仏典の『ダンマパダ』は、そうした釈尊の教えを伝え残している。また、同じく初期仏典にあたる『スッタニパータ』にも「あらゆる生きものに対して暴力を加えることなく、あらゆる生きもののいずれをも悩ますことなく(2)」との誡《いまし》めが見られる。釈尊は紛争の解決に際し、例外なく非暴力的手段を求めた。釈尊の教団は、今日に言う絶対平和主義を奉じていたと考えてよかろう。

だがしかし、この絶対平和主義は教団内の出家者を主たる担い手とし、社会的な視座を欠くところに重大な問題をはらんでいた。初期仏教における修行の理想は、この世の迷いの生存から脱却して涅槃《ねはん》の境地を得ることにある。そのために不殺生戒《かい》の護持も求められるのだが、かかる非暴力の戒律は、人間の暴力性を抑制する一方で本質的に脱世俗的な方向性を持つことを考慮しなければならない。

　仏教のサンガと違って皆が非暴力の理念に賛同するわけではない世俗の社会に一歩足を踏み入れると、不当な暴力に対する自己防衛の必要に迫られる。自衛のための最小限の暴力行使をどう考えるか、という問題が必ず出てくる。ところが、初期の仏教はこれに関して突っ込んだ議論を行っていない。それもそのはずで、初期仏教は、世の中を変えることよりも世の中から脱することを強調する教えなのである(3)。

　もちろん、仏教サンガの絶対平和主義が当時のインド社会に道徳的なモデルを提供する役割を果たしたということはできる。しかし、世俗社会を道徳的に感化する仕事は仏教教団の主目的ではなかった。出家修行者も、在家信徒も、欲望や怒りが渦巻く世俗の世界から脱して、いかに平静な自己を確立するかが最大の関心事であった。

　それはまた、仏教がもっぱら個人の救済に焦点を当てる宗教であることを示している。例えば、釈尊は怒りに対して怒りを返すなと教えた。怒りに怒りで応答しないことは「自分と他人と、両者のためになることを行っている」のだと(4)。しかし、ここには社会的な視点が欠けている。他人が別の他人に暴力を振るう時、自分はどう行動すればよいか。そうした社会倫理にかかわる問いが、初期仏典にはほとんど見られない。社会的存在としての人間を救済する姿勢が希薄なのである。

　このように脱世俗的で非社会的な性格を持つ仏教は、基本的に現実社会の暴力を放置する方向に進む。そこからは仏法と世俗を立て分け、世俗では世俗のあり方に従おうとする態度も生まれてくる。この態度を真俗二諦《しんぞくにたい》、王法為本《いほん》の説として定式化し、近代日本の帝国主義戦争に積極的に加担したのが浄土真宗であった。

さらに、仏法と世俗を立て分ける立場は、仏教者が世俗の暴力に対して世俗的に対処することを許すだろう。そうなると、仏教者も武装して悪意の暴力から身を守るべきだという考え方が現れる。護法のための武力が、ここに肯定されるのである。

結局、仏教者が仏法と世俗を立て分け、教団内の絶対平和主義に安住して社会内の暴力を放置するところに、仏教が暴力を取り込むゆえんがあると言えよう。

2　肉体の蔑視

仏教が社会内の暴力を放置し自らも暴力性を帯びていくのは、その脱世俗的な思想傾向に起因している。そのうえで、仏教の脱世俗性が肉体の蔑視をともない、これが暴力を一層後押しするという点について、仏教者はもっと自覚的になるべきであろう。

人間の精神を重んじ肉体を軽んじる思想は古今東西の宗教・哲学に広く見られるが、仏教教団における肉体の蔑視には甚《はなは》だしいものがあった。仏教を興《おこ》した釈尊の元に集《つど》った仏弟子たちの告白が、詩句集となって現存する。それを読むと「身体は内にも外にも空虚なものである」「身体から生じた愛欲の網よ」「人間のこの身体は、不浄で、悪臭を放ち……種々の汚物が充満し、ここかしこから流れ出ている」「この身体を、糞《ふん》にまみれた蛇のように避ける人は……安全な安らぎに到達するであろう」「わたしは身体を嫌悪する」「悪臭を放つ身体は、厭《いと》わしいかな」(5)などの強烈な言葉が目に飛び込み、仏弟子たちが不浄な身体から離れたいと切望していた様子がうかがえる。

この肉体の蔑視は、平和主義にとってじつに諸刃《もろは》の剣であるように思われる。それは一面、非暴力の理想を貫くために肉体的生命を捨ててもよいとする非暴力抵抗の実践を生む。非暴力抵抗は二十世紀前半にM・ガンディーがインド独立運動において行い、元々非暴力の教えを奉ずる仏教徒たちに多大な影響を与えた。

今日、ベトナムの禅僧であるティク・ナット・ハンなどが非暴力抵抗の熱心な推進者である。ナット・ハンは、ベトナム戦争に反対する中で死を恐れぬ非暴力抵抗を唱えたが、根底には肉体蔑視の観念がある。彼によると、一九六〇年代のベトナムで政府の宗教政策に抗議する僧（ティク・クワン・ドック）が行った焼身自殺（焼身供養）は「自分の身体を供養できるほどに自由であった」(6)からだとされる。ナット・ハンは、肉体を自己の本質から切り離す。だから、自らが血を流す非暴力の抵抗を正当化できる。彼にとって、非暴力の抵抗で平和のために死ぬのは、肉体的な自己犠牲ではあっても魂《たましい》の自己犠牲すなわち真の自己犠牲にはあたらない。

仏教的な肉体の蔑視は、こうして非暴力を貫く支えとなる。だが他方で、肉体蔑視の観念は殺人肯定の思想に結びつく可能性もある点を指摘しなければならない。すでに紹介したが、共産主義者は人間でないから殺してよいと説いたタイの仏教僧がいる。仏教の破壊者は殺して構わないという理屈である。近年、仏教徒であるはずのミャンマー軍事政権が、反軍政デモに参加する仏教僧たちを暴行したり射撃したりしたのも同じ理屈からだ。悪人なら暴行を加えても殺してもよいと考えるのは、人間の身体に対する尊重の念を持ち合わせていない証左である。つまり、ここでは暴力や殺人の肯定の背後に仏教的な肉体の蔑視がある。慈悲のゆえに悪人を殺すといった思想もしかりであろう。悪人の肉体的生命を奪っても輪廻《りんね》する生命自体の救済は可能だといった考え方は、肉体の尊厳（bodily integrity）を認めない立場と言える。日本では、「オウム真理教」がチベット仏教の教義を利用しながら、かかる殺人肯定の論理をつくり上げたことがまだ記憶に新しい。

3 個我の超越

問題はさらに続く。仏教の脱世俗性は社会倫理の否定につながる場合もある。脱世俗の実践は日常的な自己からの脱却であり、個人の意識を超《こ》えた境地が目指される。いわゆる「無我」「空」の境地である。ところが、個の否定は、ともすれば倫理的な責任の放棄となりかねない。現実の社会にあって、善悪の倫理の主体は個人の自我が担っている。その個我を超越して〝善も悪も本当は行為の主体がない〟という考え方に陥《おちい》ると、社会的な倫理は意味を失う。人を殺しても真実には個人の行為でないとすれば、戦争に反対するのも自由、戦争に行って銃を執《と》るのも自由となる。

このことを公然と唱えたのが、近代日本の仏教哲学者・清沢満之《きよざわまんし》であった。清沢は、如来《にょらい》へ一心に帰依《きえ》すれば現実にとらわれないとし、「国に事ある時は銃を肩にして戦争に出かけるもよい」(7)と述べるなど、結果的に戦争を肯定している。清沢は「精神主義」を唱えたが、それは自己を含む一切を捨て、ひたすら超越的な仏（阿弥陀《あみだ》如来）に帰依せよと強調するものだった。個我の超越が倫理に超然たる態度を生み、我を忘れて戦争に参加するもよしとするに至ったのである。

近代日本を代表する文学者の一人である宮沢賢治も、この清沢流の精神主義に幼少期から接しつつ、個我の超越を志向していった。青年期の賢治が友人に送った、とある書簡の中に「戦争に行きて人を殺すと云ふ事も殺す者も殺さるゝ者も皆等しく法性《ほっしょう》に御座候」という、驚くべき記述がある。(8) 個我を超越して「法性」の世界に遊べば、戦争で個人が殺すとか殺されたとかの話はどうでもよくなる。そんな考えもあってか、人道主義的な筆致で知られる賢治は、意外にも積極的な兵役志願者だった。三十七歳で死去する直前まで、「万里長城に日章旗が翻《ひるが》へる」戦いに参加している兵士を羨《うらや》ましく感じるとの心情を書き綴《つづ》っている。(9)

近代日本の仏教界で指導的役割を果たした人々の多くが、個我の超越という思想に立って帝国主義戦争を推進する側にいたことを、われわれは率直に認めざるを得ない。清沢や宮沢の場合は倫理に超然とした戦争の肯定だったが、さらに問題なのが、仏教的な個我の超越から自己犠牲の観念を導き、戦場での特攻精神を鼓舞した言説の数々である。

例えば、世界的な禅仏教者の鈴木大拙《だいせつ》は、日中戦争の最中に出版した『禅と日本文化』の中で、自己放棄的な「意力」を要求する禅の教えと武士道との間の親密な関係を強調した。鈴木は言う。「禅が日本武士の戦闘精神を励ますことになった」「真面目な武士が死を克服せんとする考を以て、禅に近づくのは当然である」(10) と。そして禅に感化された武士の精神が庶民の間にまで広がったことにより、日本人は「自分の命を犠牲にする覚悟をしている」とし、そのことが「日本が何かの理由で飛込まねばならなかった諸戦争で、屡々証明《しばしばしょうめい》せられてきた」とも述べる。(11) 個我の超越を説く禅の思想が日本社会のエートスとなり、戦死を恐れぬ自己犠牲的な兵士を育《はぐく》んだと言うのである。

ここにおいて、自己犠牲の精神の持つ両義性が鮮明になる。自己犠牲の覚悟を決めた人は、命を捨てて戦争に反対する非暴力の平和主義者になれるが、他方で敵陣に勇敢に突っ込む特攻兵士にもなれる。仏教が説く個我の超越は、こうして平和にも戦争にも向かうことがわかる。

加えて、仏教的な個我の超越は、超越者による裁きの思想と結びつく契機を内に含む。人間を超えた超越的・普遍的な立場から現実を宗教的に裁くことによって、戦争が批判されたり正当化されたりするのである。[12] 事実、歴史的に仏教者は、不殺生戒を掲げて戦争に反対することもあれば、勧善懲悪的に戦争を支持することもあった。

以上を要するに、仏教の脱世俗性に起因する個我の超越は、超倫理・自己犠牲・現実の裁きといった態度をもたらすが、それらは平和にも戦争にも向かうような両義性を持つわけである。

4 初期仏教の思想的本質からの再考

ここまでの考察を通じ、仏教教団が森林の僧院のみならず世俗の街中でも絶対平和主義を保つには、その脱世俗性が根本的な足かせとなることを確認した。仏教は脱世俗の境地を強く志向する。そのため、社会内の暴力に無関心になったり、肉体の尊厳を認めず悪人の殺害を正当化したり、個我を超越して死を恐れぬ戦闘に参加せよと勧めたり、超越者の裁きの観点から正義の戦争を説いたりすることが、実際にあった。

もちろん、これとは正反対に、脱世俗性を保ったまま世俗社会でも絶対平和主義を貫こうとする仏教徒もいる。ティク・ナット・ハン等、エンゲージド・ブディストと称される人たちは、非暴力抵抗の実践に久しく努力してきた。釈尊は人々に非暴力を勧めたものの、非暴力の政治的抵抗を指示することはなかった。非暴力抵抗は仏教倫理の新たな展開であり、ガンディー主義からの影響が考えられる。脱世俗的な絶対平和のルールと世俗的な権力闘争のルールが入り混じり、非暴力抵抗の思想が生まれたといっても過言ではなかろう。

ただし、脱世俗のルールと世俗のルールは根底的に対立する。人類の倫理意識が次第に進化して世俗のルールが脱世俗のルールに従うだろうとする予測などは、脱世俗と世俗の対立関係から見て、あまり適切とは思われない。今日、非暴力抵抗を唱える絶対平和主義が、一般社会ばかりか仏教界でも少数派の思想にとどまっているのは、それが脱世俗と世俗の間で身を引き裂かれるような実践を求めているからだろう。この点、われわれは非暴力抵抗というスタイルが果たして仏教本来の平和主義にふさわしいものかどうか、今一度考え直してみる必要がある。

原始仏教は自己の内面的探求をもっぱらとし、その倫理観は確かに脱世俗的な傾向が強かった。

しかしながら、釈尊が真に社会内の暴力に無関心であったとは言い切れない。『サンユッタ・ニカーヤ』は、コーサラ国にある雪山地方の森で瞑想《めいそう》中の釈尊が「殺すことなく、殺さしめることなく、勝つことなく、勝たしめることなく、悲しむことなく、悲しませることなく、法によって統治をなすことができるであろうか(13)」との思いに駆られたことを記している。結局、釈尊は心の変革で人々を導くべきとして政治への誘惑を退《しりぞ》けるのだが、彼が法による政治を理想とした点は否定し難い。

また、釈尊の教団にいた修行者は、次のような言葉を残している。「われは万人の友である。万人のなかまである。一切の生きとし生けるものの同情者である。慈《いつく》しみの心を修めて、つねに無傷害を楽しむ(14)」。ここで教団内の絶対平和主義（無傷害）は、「万人の友」たる修行者の自覚を通じ、世俗の社会にも開かれている。

ただ、釈尊の教団は、自己の覚醒を他者へ、社会へと次第に広げていこうとする、漸進的《ぜんしんてき》な社会改革のアプローチを取っていた。絶対平和のアルファとオメガを自己に置き、何よりも絶対平和をもたらす自己の発見に努めたのである。そのため、あたかも教団内の絶対平和主義に安住して社会内の暴力を放置するかのごとき印象を与えるのだが、生きとし生けるものを慈しむ仏教徒の眼差《まなざ》しは、本来的には社会の平和に向けられていると考えてよい。

また、原始仏教の教団に見られる肉体の蔑視についても、その思想的本質をよく見極めるべきであろう。釈尊が肉体の不浄を説き示したのは、肉体の蔑視よりも肉体への愛執《あいしゅう》を誡める点に力点があったと思われる。すなわちそこには、我が身の実態を観察して肉体的な欲望から自由になれ、との意図が込められていた。[15]もし彼が肉体そのものに本質的な価値はないと考えていたのなら、「すべての者は暴力におびえる。すべての(生きもの)にとって生命は愛《いと》しい。己《おの》が身にひきくらべて、殺してはならぬ。殺さしめてはならぬ[16]」などと身体性を踏まえた非暴力の誡めを残すこともなかったはずである。

さらに言えば、釈尊は『ダンマパダ』等で「自己を守れ」「自己こそ自分の主である」「自己をととのえよ」と、自己の大切さを何度も訴えている。釈尊において、日常的な自己の否定(無我)はそのまま真実の自己の確立であった。この限り、自己を超越して戦闘に参加してもよいとか、自己を放棄すれば戦死も恐れない、とかいった解釈が仏教から出てくる余地はない。そして、仏教における超越者は真実の自己と言えるから、他者の「自己」を悪と見て抹殺《まっさつ》せんとする〝正義の戦争〟の論理も本当は成り立たないだろう。

こうして見ると、仏教の思想は元々、暴力をどこまでも否定するものと考えられる。仏教史に散見される世俗の暴力への無関心、肉体蔑視を前提とする「悪人」の殺害の肯定、自己放棄的な戦争への協力などは、仏教元来の教えに一致すると言えない。仏教徒による暴力の肯定は、釈尊の脱世俗的な教えを過度に解釈して生じたように見える。過度な脱世俗の追求は、かえって暴力を呼ぶことになるのである。

5　対立的非暴力と調和的非暴力

現代のエンゲージド・ブディストたちは、仏教の非暴力の教えに政治的抵抗のスタイルを加味し、非暴力抵抗の思想と実践をつくり上げた。それは僧院の脱世俗的な非暴力を世俗の社会に引き下ろし、仏教の絶対平和主義を現実化する画期的な試みであった。だがしかし、彼らの思想にも肉体の蔑視や個我の超越などの観念は根深く潜んでいる。脱世俗へのこだわりがはらむ暴力性は、ここでは他人でなく自分自身に向けられる。非暴力抵抗の運動とは、自己への不当な暴力を勇んで引き受ける実践とも言い換えられよう。

他人に対しても、自分に対しても、暴力を許さない。釈尊が教えた絶対平和主義は、そのようなものではなかったのか。仏教が暴力を容認する思想的な契機は、およそ過度な脱世俗志向にあった。それを排除して「現世を望まず、来世をも望まず」(17)「彼岸《かなたのきし》もなく、此岸《こなたのきし》もなく、彼岸《かなたのきし》・此岸《こなたのきし》なるものもなく」(18)という釈尊の中道観に立ち戻るならば、あらゆる方向の暴力は否定され、仏教的な絶対平和主義の真相が見えてくるのではないか。

実際、釈尊が戦争の危機に際して示したのは、自分も他人も傷つけないような反戦のあり方だった。エンゲージド・ブディズムでは政治権力と対立的な反戦行動をとるが、釈尊にあってはむしろ政治権力を説得して平和に導こうとする調和的な姿勢が見られた。ともに非暴力的な方法であっても、前者は対立的な非暴力、後者は調和的な非暴力と言いうる。マガダ国が隣国を侵略しようとした時、釈尊は戦争の無意味さを教える対話を弟子と行い、それとなくマガダ国の使者に隣国征服を思いとどまらせたという[19]。対話と教育こそが、釈尊の用いた非暴力の武器であった。

対立的でない、調和的な非暴力の行使が、仏教的な絶対平和主義の実践と呼ぶに最もふさわしいと言えよう。ただ半面、対立的な非暴力は調和的な非暴力に比べて相手に与えるインパクトが非常に大きい。また、それが必ず暴力の反動をもたらすとも限らないため、仏教的な絶対平和主義にとって一つの重要な手段となることは疑えない。けれども、あらゆる面で暴力性を排した反戦行動となると、やはり対話や教育などの調和的非暴力が理想形であろう。

ただし、調和的非暴力には即効性がないという問題がある。釈尊は晩年、隣国の王が釈迦《しゃか》族を滅ぼそうとするのを何度か対話を通じて防いだが、ついには宿縁のゆえとして一族滅亡を諦観《ていかん》したと伝えられている[20]。ここでは業《ごう》の運命論も暴力の諦観に加担している。

ともかく、現代の仏教徒による反戦平和運動については、過度の脱世俗志向に陥らずに中道の世界観を保持し、自己への暴力を含むあらゆる暴力を避け、大局的には対立的非暴力から調和的非暴力に軸足を移していくことが望まれるのである。

6　日蓮の絶対平和主義

さて、釈尊が示した調和的非暴力の継承・発展と見られる事例として、ここで十三世紀の日本の仏教僧・日蓮の思想と実践を取り上げてみよう。

日蓮は、大乗経典の『法華経』を信奉したことで知られる。彼の主張によると、釈尊は『法華経』において悟りの法を完全に説き明かしている。日蓮が用いた鳩摩羅什《くまらじゅう》訳の『法華経』の正式名称は『妙法蓮華経』である。日蓮は、妙法蓮華経の五字が単なる経典の名でも教義内容でもなく、仏が悟った法の正体であると見た。

そして、このことが仏教の平和主義のあり方を劇的に変化させる。つまり、次のような論理である。一般に、仏教は「悟りへの道」を説く宗教と言える。暴力に対しては、それを引き起こす怒りや恐怖を静めて信頼や慈愛の心を育てようとする。説得や対話を主にして、心の次元から暴力の解消を目指す。このような仏教の平和主義は、自他共に「悟りへの道」を歩む実践に他ならない。

ところが、日蓮にあっては「悟りへの道」よりも「悟りの法」によって暴力の根絶がはかられた。ある種の暴力には、運命的な業の力が深く関与している。悪いと知りながら暴力を振るってしまう。怒りを抑え切れず暴力に訴える。やむを得ぬ事情で暴力を行使する。これらは、いずれも運命的な力に支配された暴力と見てよい。暴力を被《こうむ》る側に目を向けると、運命的な力がなおさら実感される。不当な理由で暴力の犠牲になり、なすすべもなく殺された人たちが、それこそ歴史上に数え切れないほどいる。してみれば、怒りを静めるなどの「悟りへの道」も、運命的な力による暴力の前には無力と言うしかない。そこで、日蓮は「悟りの法」である妙法蓮華経の力で運命的な暴力の根源に働きかけ、この世から悲惨な暴力をなくそうとした。

「悟りの法」の力を頼む、この日蓮独特の平和主義は、以下の二つの特徴を有する。

(1) 戦争防止主義

一つは戦争防止主義である。日蓮の平和主義では、戦争という大量殺人をもたらす運命的な力を、仏が悟った正しい法(正法)の究極的な力で断ち切ろうとする。国家と国家の戦争は、ある場合には歴史的運命でもあろう。その運命の根源に挑戦し、崩れぬ平和を確立したいというのが日蓮の願いだった。戦争する歴史的運命への挑戦とは、すなわち戦争自体が存在しない世界の実現を意味している。日蓮の平和主義は、かくして戦争なき世界を目指す戦争防止主義を第一義とする。

文応元（一二六〇）年七月、日蓮は当時の日本の政治権力者に『立正安国論』と題する諫言《かんげん》の書を提出した。自然災害や伝染病の流行で世相が荒廃し、民衆の生活が脅《おびや》かされていた時代である。日蓮は、その混乱の元凶が正しい真理への背反《はいはん》にあるとした。そして、正法を世に立てれば国家は安穏になり、天災や疫病のみならず他国から戦争を仕掛けられる「他国侵逼難《しんぴつなん》」も内戦が起きる「自界叛逆難《じかいほんぎゃくなん》」もなくなると訴えた。いわゆる「立正安国」の主張である。

そこには、正法という「悟りの法」の力で、自然災害と同列に語られた運命的な戦争を未然に防ごうとする思想が見てとれる。日蓮は『立正安国論』の中で「他方の賊来《ぞくきた》つて其の国を侵逼し自界叛逆して其の地を掠領《りゃくりょう》せば豈《あに》驚かざらんや豈騒がざらんや」等と記し、(21)他国の侵略と内戦の勃発《ぼっぱつ》を予見する立場から時の政権に警鐘を鳴らした。前世から今に至る正法否定の因果から、運命的な戦争に引きずり込まれようとする人々をどう救うのか。仏法の根本道理による以外に解決の方法はない、というのが日蓮の揺るがぬ信念であった。「汝《なんじ》早く信仰の寸心《すんしん》を改めて速《すみやか》に実乗の一善に帰《き》せよ、然《しか》れば則《すなわ》ち三界《さんがい》は皆仏国なり仏国其れ衰《おとろえ》んや十方は悉《ことごと》く宝土なり宝土何ぞ壊れんや」と彼は結論し、(22)為政者に正法への帰依を迫っている。

「悟りの法」の絶大な力を信じるがゆえに、避けられない戦争の存在を大前提とせず、一切の戦争をこの世からなくすことに全力を挙げる。日蓮は、そのような戦争防止主義を自分の平和主義の中核に据えたのである。

(2) 暴力の平和化

日蓮の平和主義のもう一つの特徴は、「暴力の平和化」と言うべき思想である。日蓮の仏教では、「悟りの法」である妙法への信仰を通じて戦争のない世界を築こうとする。だが、現実を凝視するほど、内戦も含めたあらゆる戦争を根絶するのは不可能なように思われる。日蓮が生きた時代の日本でも度重なる内戦が続き、ついには蒙古国による侵略戦争まで起きている。

暴力は、否応《いやおう》なくわれわれに付いて回る。その暴力に非暴力で対抗すれば、自分が暴力の犠牲になってしまう。誰一人暴力を被らない状況などないのが、実際の世の中であろう。

ガンディーは、非暴力の自己犠牲という一種の美学を、民衆化することができると信じていた。しかしながら、大地に生きる民衆が自己保存という生命本然の傾向性を放棄する姿は、いかにも不自然と考えざるを得ない。仏教の洞察によれば、人間性の本質は「自他不二」の境地に行き着く。自分の生命を大事にするように他人の生命も尊重せよ。釈尊はこう説いた。自然な人間性に即した道徳とも言えよう。仏教僧である日蓮も、当然、自他の生命をともに尊重する立場をとった。

だがそうすると、日蓮の平和主義は、暴力への何らかの関与が避けられなくなる。祈りの次元はともかく、実際的には、自分も含めて誰一人殺されないようにするため、相手の暴力を無効化するとともに、自分の暴力も平和的に行使する必要に迫られる。それゆえ、必然的に「暴力の平和化」という試みが要請されてくるのである。

「暴力の平和化」の教えは、日蓮が重視した大乗経典の『法華経』や『涅槃経』等に説かれている。『法華経』の安楽行品《あんらくぎょうほん》は「怖畏《おそ》れも　刀杖等《とうじょうなど》を加えらるることもなく」「刀杖も加えられず毒も害すること能《あた》わず」と明言し、[23]仏の滅後に『法華経』を説く者は刀や杖《つえ》、毒による危害を加えられないとする。同経の観世音菩薩普門品《かんぜおんぼさつふもんぼん》には、さらに具体的な説明があり、殺されそうになった時に観世音菩薩の名号を唱えれば、処刑人が振り上げた刀や杖が突然、次々と壊れたり、怨賊《おんぞく》がたちまち慈悲の心を起こしたりして、難を免れるのだと説き示す。[24]いずれも、『法華経』の正法に相手の暴力を無効化する不可思議な力がある、との主張である。日蓮の遺文を読むと、これらの『法華経』の経文がしばしば引用されている。日蓮自身、宗教的信念ゆえに国家権力から弾圧され、何度も流罪・死罪に及んだが、不思議にも命を長らえた。彼は『法華経』の法力という非暴力の武器で権力者の刀剣と対峙《たいじ》し、その暴力を現実に無効化してみせた。客観的な見方はさておき、日蓮の側の内在的論理ではそうなる。

一方、大乗経典の『涅槃経』は、自分自身の暴力を平和化すべきだとも教える。同経の金剛身《こんごうしん》品《ほん》に登場する釈尊は、自分が過去世に有徳王《うとくおう》として護法のために武器を持った悪僧らと戦ったことを明かした後、迦葉仏《かしょうぶつ》に対し「刀杖を持すと雖《いえど》も応《まさ》に命を断ずべからず[25]」と説く。仏法を護《まも》るため、やむを得ず武器を執って暴力を行使する場合でも相手の命を奪わないようにせよ、と言うのである。日蓮は、この『涅槃経』の教えを主著『立正安国論』の中で紹介しつつ、正法を破壊する悪僧らに非暴力的な経済制裁（供養の停止）で対抗すべきことを訴えた。[26] 護身のために武器を用いるのも、悪僧の生活手段を奪おうとするのも、暴力的と言えば暴力的である。しかし、それらが相手の命を尊重した暴力性である以上、「暴力の平和化」にあたると言ってよいだろう。

このように、日蓮の平和主義には、相手の暴力も自分の暴力も平和化して敵味方を問わず命を守ろうとする思想がある。暴力を拒否する非暴力にとどまらず、暴力の内部に入り込む非暴力も模索する。こうした思考の背景には、大乗仏教の「善悪不二」「邪正一如《じゃしょういちにょ》」の世界観があろう。善と悪を区別するのは相対的な物の見方であり、絶対的な次元に立てば何も別のものではない。だから、絶対の「悟りの法」に基づくなら、世間の悪をそのまま善に変えていける。この深遠な道理を、龍樹《りゅうじゅ》作と伝える『大智度論』では「大薬師の能《よ》く毒を以《もっ》て薬と為《な》すが如し」[27]と表現し、天台智顗《ちぎ》は「非道を行じて仏道に通達す」[28]などと示した。

殺人の道具に用いる刀も、仏前に供えて絶対なる妙法の光に照らせば「善の刀」となる。日蓮はこう説いたとも言われる。[29]「暴力の平和化」は、仏教的な絶対の地平からの論理である。現代の絶対平和主義（absolute pacifism）は、暴力／非暴力の二分法において純粋に非暴力の側に立ち、いささかの例外も認めない。この点、日蓮に見られる「暴力の平和化」の思想は絶対平和主義と言えない。だが、それは暴力／非暴力の相対世界を超え、仏教的な絶対の次元から自由自在な非暴力を追求する。すなわち、「暴力の平和化」は、今日的な意味でなく、仏教哲学的な意味で絶対平和主義に立つと言える。

　絶対の立場における自由自在の非暴力と言っても、結局は暴力の世界に足を踏み入れるのではないか。そうした批判はもちろんあろう。しかし、自他の命をともに尊重する自在な非暴力主義者も、結果的には敵を殺さず、自分が犠牲となる道を選ぶことが多い。敵対勢力によって弟子を数多く殺され、自分も襲撃を受けて傷を負うなどした日蓮は、[30] それでも非暴力的な言論の戦いを貫き通した。その生涯の足跡は、まさしく今日に言う絶対平和主義者の実践であった。

　あるいはまた、「暴力の平和化」の理論的根拠を問う声も上がるだろう。仏教的な絶対の立場は言語を絶する境地ゆえ、本来は論理的説明になじまない。ただ、「空」の観点から運命の転換を論じ、仏教的な絶対の境地に至れば、暴力の被害を奇跡的に免れたり、暴力が平和的に行使されたりしうる、と説明することはできよう。

　『法華経』の結経とされる『観普賢菩薩行法経《かんふげんぼさつぎょうぼうぎょう》』に「何者か是れ罪、何者か是れ福、我心自《おの》ずから空なれば罪福主無し」[31]との教示がある。現象世界の真実は生じも滅しもしない「空」であり、自分自身の心も空である。したがって、自分が積んだ罪にせよ福にせよ、本当は実体がない。各人の業によって定められた運命も、真実にはないわけである。ならば、われわれが空という絶対の世界に入ることで、相対世界の法則である業の運命から自由になれるはずであろう。観普賢経では「若し懺悔《ざんげ》せんと欲せば　端坐して実相を思え　衆罪は霜露《そうろ》の如く　慧日《えにち》は能く消除す」[32]と説き、空の実相を悟れば種々の罪が消えるとする。相対世界がある限り、業の法則は存在し、罪は罪として命に刻印されていく。だが、絶対の空を悟って罪から自由になれば、もはや罪に引きずられない。つまり、罪が消えるも同然なのである。

　こうして、絶対の空という「悟りの法」の力により、われわれは暴力によって殺される運命からも暴力を用いて人を殺す運命からも自由になれる、という論理が浮かび上がってくる。さらに補足すれば、空の境地に生きる人が暴力の被害に遭う時、その自己は自在にして暴力の加害者の自己でもあるから、暴力を振るう者の内側から暴力の行使を止める力を持っている。そして、一切に自在に広がる空の自己は、あらゆる他者の自己ともなって目の前の暴力を止めることもできる。日蓮が『法華経』の行者に対する諸天の加護を強調したのは、かかる空の論理を踏まえてのことであろう。

　なお先に触れたが、日蓮の教団は多くの犠牲者を出しながら非暴力の弘教を行った。仏教において「悟りの法」の力は絶対とされていても、現実を見ると、敵味方の双方を救う円満な非暴力を必ずもたらすわけではない。否、絶対の真理なればこそ、相対世界の個人の枠を超えて自在に自己を救済するのであろう。たとえ個人は死のうとも、それは本来的に自在であり、宇宙の一切に広がって生きている。「死んでも死なず」と達観した仏教者は、生命の無限な自在性を信じ、法難の途上で自己犠牲を強《し》いられても決して後悔しない。

すでに論じた脱世俗的な自己犠牲は、肉体を蔑視して個人を否定する傾向にあった。これに対し、絶対の境地に立つ自在な自己犠牲は、個人を肯定的に広げていく実践と言いうる。そこにおいて、個人の肉体は執着を誡める意味で軽んじられても、本質的には尊厳をもって扱われる。日蓮は、自らの身を「畜身《ちくしん》」とも称しながら、教義面では凡夫の肉身のままで仏になれるとする「即身成仏」を強く支持した。脱世俗的な自己犠牲は、世俗と脱世俗を立て分ける相対観に立って世俗の肉体的自己を遠ざける。ところが、世俗と脱世俗の間に自在な自己犠牲は、絶対の視座から世俗の肉体的自己を照らし出す。両者は、同じ自己犠牲でも似て非なるところがある。

おわりに

仏教は絶対平和主義か。これが本章のテーマであった。不殺生と慈悲を説いてやまぬ仏教は、理念的には紛れもなく絶対平和主義である。その一方で、護法のために武装した古代・中世の僧侶集団、世俗の暴力には世俗的に対処すべきとして帝国主義戦争に協力した近代の仏教徒たち、異教徒に暴行を加える現代ミャンマーの「仏教徒テロ」の存在など、必ずしも絶対平和主義とは呼べない歴史的現実がある。

　理念的には絶対平和主義に立つ仏教が、なぜ現実社会の中では、しばしば暴力を肯定してしまうのか。本質的な要因は脱世俗主義にあると、私は見ている。すでに論じてきたとおり、仏教の脱世俗主義は社会内の暴力の放置、肉体の蔑視、個我の超越、超越者の裁きといった思想を生み、それらが仏教徒に暴力を認めさせる重要な契機となってきた。現代の世界を見渡すと、エンゲージド・ブディズムと称される仏教徒たちが、非暴力的な手段で世俗の暴力に対抗している。だが、惜しむらくは、そうした対立的非暴力も仏教の脱世俗主義がはらむ暴力性を直視するには至っていない。結局、彼らは脱世俗主義の暴力性を他者でなく自己自身に向け、自己犠牲的な実践を唱えることで問題を解決しようとするかに見える。一握りの献身的な人々はともかく、それでは大衆の幅広い支持を集めるのが難しいだろう。

　脱世俗主義は、本当に仏教の究極的立場だろうか。釈尊が説いた脱世俗の教えを、悟りの境地そのものというより悟りに至るための方法（方便）と見なす考え方が、大乗仏教の伝統の中にはある。確かに、悟りの心は一切に無執着たるべきだから、脱世俗の志向さえ一種の執着と考えられなくはない。その観点に立つと、例えば「怒りを斬り殺して安らかに臥《ふ》す」(33)「わたしは神聖な者であり、無比であり、悪魔の軍勢を撃破し、あらゆる敵を降服させて、なにものをも恐れることなしに喜ぶ」[34]など、単なる脱世俗主義ではない釈尊の言句が脳裏に浮かび上がる。つまり、世俗の怒りから離れようとするのでなく、「怒りによって怒りを制す」というがごとき釈尊の自在な心が、ここに看取《かんしゅ》される。

仏教の脱世俗主義が実践の方法論にすぎず、究極的立場とされる仏の悟りは世俗／脱世俗の二分法を超えた自由自在にあるとすれば、大乗的な絶対平和主義が一層光を放つであろう。「非暴力か、暴力か」の二者択一において非暴力のみを選択するのが、従来の絶対平和主義であった。ところが、大乗的な絶対平和主義では、非暴力／暴力の二分法にとらわれず、双方を絶対の非暴力で包む。ここでの「絶対」は、仏教哲学的な絶対すなわち自由自在の意味となる。

結論するに、仏教では相対的思考に縛られず、自在な絶対平和主義を唱えると見てよい。純然たる非暴力を標榜《ひょうぼう》したガンディーも、時には、残虐行為を黙視するぐらいなら暴力を用いて討ち死にしたほうがよいと語ることがあった[35]。暴力と非暴力の間で自在に対処する絶対平和主義は、ある意味で非常に現実的な判断を導く。それゆえ、状況によっては頑固な非暴力主義者も承認せざるを得ないものである。

避けられない戦争も、目の前に降りかかる暴力も、自在に回避する。それが叶《かな》わぬ時には暴力の側に自在に入り込み、暴力を内側から平和化していく。このような意味から戦争防止主義に徹し、対話と説得を重んじ、「暴力の平和化」を唱えたのが、『法華経』を信奉する日蓮であった。

日蓮の大乗的な絶対平和主義は、妙法という「悟りの法」の力で運命的な暴力にも支配されぬ自在さを得ようとするところに真骨頂がある。

また、戦闘を旨《むね》とする武家政権に対し、日蓮が抵抗よりも説得（諫言）の方法で非暴力的にアプローチした点は、釈尊が示した調和的非暴力のあり方を継承している。しかも、「悟りの法」の社会的顕現すなわち「立正安国」を唱える立場から、為政者への説得という調和的非暴力が、単に暴力的な心の変革にとどまらず、眼前の暴力の即効的解決や、ひいては運命的な戦争の回避を可能にすると考えられている。日蓮は、釈尊以来の調和的非暴力の伝統に立ちつつも、その問題点である即効性の欠如や運命の諦観を克服すべく、自在な絶対平和主義を展開したと言えるのではなかろうか。

注

（1）『ブッダの真理のことば　感興のことば』中村元訳、岩波文庫、一九七八年、二八、三〇頁。
（2）『ブッダのことば――スッタニパータ』中村元訳、岩波文庫、一九八四年、一七頁。
（3）釈尊の教えの性格について語った、ヤスパースの次の言葉は印象深い。「世界はあるがままに放置される。

仏陀はこのただ中をゆき、しかも、一切のもののための改革を考えることをしない。かれの教えは、世の中から脱することであり、世の中を変えることではない」(『仏陀と龍樹』峰島旭雄訳、理想社、一九六〇年、五一頁)。
(4)『ブッダ　悪魔との対話――サンユッタ・ニカーヤII』中村元訳、岩波文庫、一九八六年、二六三頁。
(5)『仏弟子の告白――テーラガーター』中村元訳、岩波文庫、一九八二年、五五、九〇、一〇五、一二六、一五二、二二二頁。
(6)ティク・ナット・ハン『法華経の省察――行動の扉をひらく』藤田一照訳、春秋社、二〇一一年、一五九頁。
(7)大谷大学編『清沢満之全集』第六巻、岩波書店、二〇〇三年、七九頁。
(8)『新校本　宮澤賢治全集』第一五巻本文篇、筑摩書房、一九九五年、五〇頁。
(9)同前、四五五頁。
(10)鈴木大拙『禅と日本文化』岩波書店、一九四〇年、三五、四九頁。旧漢字は現代表記にあらためた。
(11)同前、六一頁。旧漢字、旧仮名遣いは現代表記にあらためた。
(12)大谷栄一は、日本の近代仏教と戦争の問題を考察する中で、この点に言及している(大谷著『近代仏教という視座』ぺりかん社、二〇一二年、一六六〜一六七頁)。
(13)前掲書、中村訳『ブッダ　悪魔との対話』四〇頁。
(14)前掲書、中村訳『仏弟子の告白』一四〇頁。
(15)例えば、『スッタニパータ』には「〈かの死んだ身も、この生きた身のごとくであった。この生きた身も、かの死んだ身のごとくになるであろう〉と、内面的にも外面的にも身体に対する欲を離れるべきである」(前掲書、中村訳『ブッダのことば』四六頁)とある。
(16)前掲書、中村訳『ブッダの真理のことば　感興のことば』二八頁。

(17)前掲書、中村訳『ブッダのことば』一三八頁。
(18)前掲書、中村訳『ブッダの真理のことば　感興のことば』六四頁。
(19)中村元訳『ブッダ最後の旅――大パリニッバーナ経』岩波文庫、一九八〇年、九～一六頁。
(20)『増一阿含経』(『大正新修大蔵経』第二巻、六九〇頁c～)を参照。これによると、釈尊は流離王による釈迦族の攻撃が運命的なものであるとし、「釈種今日宿縁已熟　今当受報(釈種は今日宿縁すでに熟して、今まさに報を受くべし)」と弟子の目連に語ったという(『大正新修大蔵経』第二巻、六九一頁b)。
(21)堀日亨編『日蓮大聖人御書全集』(以下、『御書全集』と略す)創価学会、一九五二年、三一頁、立正大学日蓮教学研究所編『昭和定本　日蓮聖人遺文』(以下、『昭和定本』と略す)身延山久遠寺、一九五二年、二二五頁。
(22)『御書全集』三二頁、『昭和定本』二二六頁。
(23)坂本幸男・岩本裕訳注『法華経(中)』岩波文庫、一九六四年、二六〇、二七八頁。
(24)坂本幸男・岩本裕訳注『法華経(下)』岩波文庫、一九六七年、二四四、二六二頁。
(25)「雖持刀杖不応断命」(『大正新修大蔵経』第一二巻、三八四頁b)。
(26)「夫れ釈迦の以前仏教は其の罪を斬ると雖も能忍の以後経説は則ち其の施を止む、然れば則ち四海万邦一切の四衆其の悪に施さず皆此の善に帰せば何なる難か並び起り何なる災か競い来らん」(『御書全集』三〇頁、『昭和定本』二二四頁)。
(27)「譬如大薬師能以毒為薬」(『大正新修大蔵経』第二五巻、七五四頁b)。
(28)田村徳海訳『摩訶止観』、『国訳一切経』諸宗部三、大東出版社、二〇〇五年改訂六刷、五四頁。
(29)「殿の御もちの時は悪の刀・今仏前へまいりぬれば善の刀なるべし、譬えば鬼の道心をおこしたらんが如し」(『弥源太殿御返事』、『御書全集』一二二七頁、『昭和定本』八〇六頁)。同書は日蓮の真蹟が現存せず、後世(室町時代）の身延山の学僧・日朝の写本によっている。そのため、真偽をめぐる論争がある。

(30)『行敏訴状御会通』に「日蓮の身に疵を被り弟子等を殺害に及ぶこと数百人なり」(『御書全集』一八二頁、『昭和定本』四九九頁）との記述が見られる。

(31)「何者是罪。何者是福。我心自空。罪福無主」(『大正新修大蔵経』第九巻、三九二頁ｃ)。

(32)「若欲懺悔者 端坐念実相 衆罪如霜露 慧日能消除」(『大正新修大蔵経』第九巻、三九三頁ａ)。

(33) 前掲書、中村訳『ブッダ　悪魔との対話』二九一頁。

(34) 前掲書、中村訳『ブッダのことば』一二五頁。

(35) このガンディーの言葉を原文のまま紹介しておきたい。"He would rather they died fighting violently than became helpless witnesses to such atrocities." (Mohandas K. Gandhi, *My Non-violence*, edited by Sailesh Kumar Bandopadhaya, Ahmedabad: Navajivan Publishing House, 1960, p.209. マハトマ・ガンディー『わたしの非暴力2』森本達雄訳、みすず書房、一九九七年、九五頁)。

第二章

私という宇宙

——地球仏教者たちの平和へのアプローチ

1　「無我」についての誤解

仏教の基本的な教えの一つに「無我」がある。古代インドのバラモン教では、人間の我（ātman）がそれ自身によって存在する実体であると考えられていた。これに対し、ゴータマ・ブッダは我の実体視を拒否し、「無我（anātman）」を説いた。

では、ブッダは「人間の自己は無である」という意味から無我を主張したのだろうか。確かに初期の仏教では、人間の自己を独立した実体と見なし、そこに執着することを誡《いまし》めている。けれども、それは自己の本質的な否定ではなかった。

ブッダはむしろ、真の自己の確立を人々に訴えている。彼の遺言の一つに、「自らを島とし、自らをたよりとして、他人をたよりとせず、法を島とし、法をよりどころとして、他のものをよりどころとせずにあれ[1]」というものがある。ブッダにとって、真の自己への帰依《きえ》は「法」への帰依であった。「わたしは自己に帰依することをなしとげた[2]」という彼の言葉の意味も、ここにあったと言える。宇宙の真理たる「法」と一体化した自己――そのように大いなる自己を発見し、自ら実現せよ。ブッダは最後にそう説き残した。仏教の無我説は自己の消滅ではなく、自己の本質を探求する教えだったと言えよう。

しかしながら、歴史的に見ると、仏教の無我は自己の消滅を説く教えとして理解されることが多かった。自己の消滅を無我と考える仏教者は、どうしても個人の主体性を軽視しがちである。そこからは、およそ「責任」の思想が出てこない。キリスト教文明圏と比べると、仏教文明圏では社会正義や人権に関する思想があまり発達しなかった。また、自然と人間の相互依存を説く仏教の信奉者たちが、他宗教の人々に先駆けて現代の環境問題に真剣に取り組む、といった姿もほとんど見られなかった。

最も深刻な問題は、個人の主体性を軽視する仏教者が全体主義イデオロギーを抵抗なく受け入れたという歴史上の事実である。第二次世界大戦中、日本の仏教者たちは一部の例外を除いて軍国主義を支持し、積極的に戦争協力を行った。もし彼らが〝仏教は自己の尊厳を説く宗教である〟との認識を持っていたならば、国家のために個人の命を犠牲にする戦争には容易に協力できなかったはずである。

無我は、我の非実体を教える仏教語である。しかし、なぜ我が実体でないかと言えば、それが様々な事象との関係においてのみ生じているからである。これを「縁起」という。(3) われわれの自己は実体のない無我であるが、すべての存在との相互関係においては存在している。つまり、無我の教えは、無常という視点に立てば自己消滅の願望を引き起こす思想となるが、縁起という視点に立てば〈相互依存する自己〉を肯定する倫理となる。

また、無我の教えから責任主体の観念を導き出すにも、縁起の視点が不可欠となる。すべての存在が無限につながり合っているのならば、結局のところ全宇宙は一つである。とすれば、すべての存在は一なる全宇宙を本質とする。われわれの自己もまた、その本質は全宇宙である。それを自覚した人、すなわちブッダは、じつは全宇宙が自己の根源的な主体であることを知る。この時、ブッダは全宇宙となって、ありのままの無常の自己に永遠の本質を見出《みいだ》し、絶対に崩れぬ心の平安を得る。彼は、言うなれば〈私という宇宙〉を発見する。そして、すべての存在を〈私〉と同一視するがゆえに、一切衆生救済の責任を主体的に担い、慈悲の実践に向かうのである。

これから紹介する三人の仏教者たち——ダライ・ラマ十四世、ティク・ナット・ハン、池田大作——は皆、主体的な自己を形成し、慈悲に動機づけられた行動をグローバルに展開している。

彼らは、いわば地球仏教者である。そこに見られるのは、まさに〈私という宇宙〉の自覚である。以下、小論では、彼ら地球仏教者たちの平和へのアプローチを取り上げ、今日の仏教が現代世界の調和と和解にどれほど貢献できるのかについて検討してみたい。

2 「宇宙的責任感」の開発——ダライ・ラマ十四世

ダライ・ラマ十四世（Dalai Lama the 14th）は、現代チベット仏教の指導者である。「ダライ・ラマ」とは「大海」を意味するモンゴルの称号であり、代々のチベット仏教の法王を指す言葉になっている。一九三五年、チベットのアムド地方に農家の子として生まれ、幼少期にチベット政府からダライ・ラマ十三世の転生者であると認定された。一九三九年、四歳の時にダライ・ラマ十四世に即位し、チベットの精神的指導者の地位に就く。同時に、政治的指導者になるための教育も受け始め、一九五〇年から実際にチベットの国家指導を託された。

ところが、一九五一年、中国はチベットを併合する。ダライ・ラマは、一九五九年、インドに亡命を余儀なくされた。その後の彼は、チベット問題の解決に向けて努力する一方、世界各地でチベット仏教の教えを説き、多くの著作を刊行している。さらに、世界平和や自然保護を訴える活動なども熱心に行い、やがてチベットの象徴として広く世界に知られる存在となった。一九八九年にはノーベル平和賞を受賞している。

十七世紀に、法王はチベットにおける宗教と政治の両方の最高指導者になり、それ以後の法王はチベットの政治を司《つかさど》ってきたとされる。現在のダライ・ラマも、長らく世界中のチベット民族に対して政教両面で指導的立場にあったが、二〇一一年、彼は政治的指導者の地位を退《しりぞ》くことを表明している。

ダライ・ラマの主張の中で注目されるのは、国際紛争を解決する手段として「非暴力」と「内なる平和」を重視することである。非暴力の道は彼自身の「深い信念」であるだけでなくブッダの教えとも合致している、とダライ・ラマは言う[4]。ゆえに彼は、チベットと中国との間の問題に対して、「可能なときはいつでも中国側との協力を、協力不可能なときはいつでも、消極的抵抗を[5]」という態度をとってきた。明らかなごとく、ダライ・ラマの非暴力抵抗は、M・ガンディーの非暴力主義から影響を受けたものである。ダライ・ラマは、自伝の中で「ガンジーこそは、釈尊の真の弟子[6]」であるとし、次のように述べている。

私（＝ダライ・ラマ）は、彼（＝ガンディー）が説き教え、そして実践した、非暴力の教えを信ずる不動の信念を持っていたし、いまもなお持ち続けている。いまや私はどんな困難に直面しようと、もっとしっかりと彼の導きに従おうと決心していた。私はいまだかつてないほど、一層強く、暴力行為には決して関係してはならないと決意した。(7)

ダライ・ラマによれば、非暴力抵抗こそブッダ(釈尊)の説いた社会変革の道であり、ガンディーや彼自身はその忠実な実践者となる。しかしながら、ブッダが政治闘争として非暴力抵抗を教えたとする文献や伝承などは存在しない。ブッダは、誰に対しても慈悲や不殺生《ふせっしょう》の個人倫理を説くのみであった。それによって、人々の精神を変革せしめ、よき社会をつくろうとしたとは言えるが、政治的分野で非暴力を実践したわけではない。この点はガンディーも認めており、自分の政治的な非暴力運動を新しい「実験」と位置づけている。

これに加えて、政治的な「抵抗」もまた、ブッダの思想とは無縁であろう。戦争を止《や》めさせるにしても、直接に非暴力を説くのではなく、権力者にそれとなく暴力の無意味さをさとらせる。そのような方法を、ブッダは用いた。ブッダの平和アプローチは教育的、感化的であった。ガンディーやダライ・ラマが行った抵抗的なスタイルとは異なる。抵抗といえども一種の対立であろう。対立は怒りを生み、争いを生む。ゆえに、世俗的な変革において、抵抗よりも感化を重視したのがブッダその人であった。

以上のことから、ダライ・ラマの「協力不可能なときはいつでも、消極的抵抗を」といった態度は仏教の平和主義とは似て非なるものである。そのために、仏教者らしからぬ政治的対立がたびたび生じてきたことを、われわれは否応《いやおう》なく認めざるを得ない。事実、ダライ・ラマの行動の多くは、中国との「協力」よりも非暴力的な「抵抗」に傾くものだった。一九八九年のノーベル平和賞受賞の記念講演で、彼は中国当局の姿勢を激しく非難した。チベット人は中国によって基本的人権を奪われている、チベット人の六分の一以上が中国による侵略の犠牲者になった、歴史的な建造物も破壊された、抗議運動に参加したチベット人が逮捕され、非人道的な扱いを受けている……国際社会における、こうしたダライ・ラマの訴えは、中国側の態度を一層硬化させる結果となった。ちなみに、ダライ・ラマは、チベット自治区で頻発《ひんぱつ》したデモ等の抗議行動にも影響を与えていた。たとえそれが非暴力的抵抗であっても、取り締まる側との対立をさらに激化させたのが実情であろう。

ダライ・ラマが行ってきた非暴力抵抗は、戦闘的な非暴力を訴えつつインドの独立運動を指導したガンディーの姿を想起させる。だが、果たしてそれは、ブッダの教えの忠実な実践であると言えるだろうか。ダライ・ラマの非暴力は、仏教者としては抵抗運動に傾きすぎる嫌いがある。仏教者の非暴力は、ブッダがそうであったように、むしろ感化的な対話を第一義とすべきだろう。「問題や意見の不一致に直面したら、いまの私たちは対話を通じて解決に達しなければなりません。対話が唯一の適切な手法です」(8)。他ならぬダライ・ラマ自身の言葉である。この言葉のとおり、ダライ・ラマは、抗議デモ等の政治的な抵抗運動にもっと慎重な態度をとり、自らも国際社会での挑発的な言動は慎むべきではないかと思うのである。

次に、彼が重視する内なる平和について考えてみよう。一般に、仏教者は瞑想《めいそう》等によって法の真理を悟り、心の平和を確立することを目指す。だがダライ・ラマが強調するのは、世俗を脱した悟りの境地などではなく、社会変革や世界平和を実現するための内なる平和である。内なる平和を実現した人は、周囲の人々と平和に付き合える。そうした人が増えれば、その社会は平和になり、他の社会とも平和的に共存できる。軍事力の抑制も重要ではなくなる。このようにして、内なる平和を起点にして築かれた外なる平和こそが真の平和である。ダライ・ラマはそう訴えてやまない。

豊かな社会、民主主義、地球環境の保全――これらの外なる平和をいかに完全に築き上げようと、人類が内なる平和を確立しなければ、核戦争によってすべてが灰燼《かいじん》に帰《き》すかもしれない。真の敵は自分自身の中にいる。ダライ・ラマによる内なる平和の提唱は、仏教倫理が寺院の修行僧の規範であるのみならず、現代の地球倫理（global ethics）の基礎にもなりうることを、われわれに気づかせてくれる。

ところで、ダライ・ラマはなぜ、人類に貢献する仏教を構想できたのか。それは一つには、彼が人格的主体を仏教的に肯定するからであろう。

ダライ・ラマは、無我を主張する仏教においても人格的主体の存在は成立する、と主張する。[9]ハーバード大学で講演した際、彼はそのことを次のように説明した。――〈私〉という存在基盤は、自性を欠くという点で〈無我〉である。ゆえに我の常住論は回避すべきである。だが、〈私〉の基盤が他によって生起している、という縁起の視点からいえば、空性、すなわち自性を欠いていることとの意味は決して虚無論ではない。われわれは中庸《ちゅうよう》の見解をとり、虚無論と常住論という二つの極論から解放される必要がある[10]――。

ダライ・ラマは、縁起の視点から無我を理解することにより、自己の存在を肯定する立場を認めようとした。チベット仏教は、インド大乗仏教の中観派《ちゅうがんは》の学説を継承する。この中観派の祖がナーガールジュナ（龍樹《りゅうじゅ》）である。ダライ・ラマは、ナーガールジュナの代表作『中論』の思想に立脚して、無我や空を理解する。『中論』第二十四章の第十八偈《げ》は最も重要な箇所と言われるが、そこには「およそ、縁起しているもの、それを、われわれは空であること（空性）と説く。それは、相待の仮説（縁《よ》って想定されたもの）であり、それはすなわち、中道そのものである」[11]とある。縁起するものが空であり中道であるとする見解であり、万物が縁起において「ある」という点を認める立場と言えよう。ダライ・ラマの説明によれば、「空とは、すべてのものは他に依存して存在している」ということであり、「まったく存在しないという虚無論も、実体として存在するとする実在論も、どちらも滅しているため、『それは中の道である』と言われている」とする。[12] つまりは、中道的な自己肯定論である。

〈私〉は他に依存して存在する。この中道的な自己肯定を突き詰めていけば、どうなるか。全宇宙の事物は互いに縁起して一つに結びついている。その一なる全宇宙が〈私〉の存在基盤であるとすれば、ダライ・ラマは〈私という宇宙〉を真の人格的主体として認めていると言ってよい。

彼の好きな祈りの言葉の中に、「宇宙が存在するかぎり、意識が存在しているかぎり、私も存在する」[13]という、デカルトのコギトを縁起論的に捉え直したような一節がある。〈私という宇宙〉は、デカルトの言う「われ思う、ゆえにわれあり」の「われ」のように実体的にではなく、縁起的に存在している。そして、それゆえに宇宙のすべてとつながり、全宇宙に広がっているのである。

ノーベル平和賞の受賞講演の中で、彼は、今こそ人類は「宇宙的責任感（a universal responsibility）」を養成する必要があると説いた。「宇宙的責任感」とは、地球という惑星が直面している様々な問題に関して一人一人が持つべき責任感のことである。先ほども述べたが、無我を自己の消滅と考える立場の仏教からは、およそ責任の観念が出てこない。ところが無我を〈私という宇宙〉と考える立場をとれば、他者や社会に対する責任はもとより、人類、自然、地球、究極的には宇宙全体に対する責任の思想が生じてくる。

このように〈私という宇宙〉の視座を持った仏教者のダライ・ラマは、現代世界における高名な仏教者の一人に数えられる。ただ、彼が政治的解決にこだわりすぎる点は、非仏教的に感じられる。また彼は、よく怒りと憎しみを捨てるための瞑想法について講義する。しかし、その内容は難解で一部の知識階層を惹《ひ》きつけるにとどまっている。一人一人が宇宙的責任感を持つことに反対する者はまずいない。問題は、どうすればそれを養成できるかであろう。こう考えた時、ダライ・ラマが平凡な庶民でも行えるような自己変革の方法を提示できていない、という点には問題が残る。

3　エンゲージド・ブディズムの提唱と実践——ティク・ナット・ハン

エンゲージド・ブディズム（Engaged Buddhism＝行動する仏教）を提唱し、世界平和を訴え続けている仏教僧がティク・ナット・ハン（Thich Nhat Hanh）である。

ナット・ハンは、一九二六年生まれのベトナム禅の僧侶である。彼が僧院で修行していた頃、ベトナムとフランスとの間ではインドシナ戦争が起きていた。そのような中、彼はブッダの教えを弱者救済の行動に移したいと願ったが、僧院での教えや実践は現実の状況に対応したものではなかったという。失望した彼は、結局、僧院を去ることにした。

一九六〇年代に入ってベトナム戦争が勃発《ぼっぱつ》すると、ナット・ハンは被災者たちのための奉仕活動を開始した。「社会奉仕青年学校」を設立するなど、教育や医療面での奉仕活動を熱心に行ったナット・ハンは、一九六四年に『エンゲージド・ブディズム』を著し、社会にかかわり行動する仏教を提唱するようになった。ところが一九六六年にアメリカで和平提案のスピーチを行ったことが、ベトナム政府から反逆行為と見なされ、彼はフランスへの亡命を余儀なくされる。亡命後は、ベトナム戦争の終結に向けて積極的に行動し、難民救済運動なども推進した。また、フランスに「プラム・ヴィレッジ（Plum Village）」という仏教コミュニティをつくり、彼独自の瞑想法を指導している。さらに多くの著述をものするとともに、世界各地で講演を行い、グローバルに活動を続けている。

ナット・ハンの言うエンゲージド・ブディズムは、仏教の瞑想や縁起観を社会変革への行動に結びつける点に特徴がある。彼によれば、日常生活における呼吸や歩行に瞑想を取り入れることで、われわれは「気づき（mindfulness）」に満ちた意識的な瞬間を生き、心の平穏を得ることができると言う。また彼は、大乗仏典である『華厳経』の「一即多、多即一」の世界観を根拠に「相互存在（interbeing）」という言葉を造語し、世界に広めている。すべての存在は相互に依存し合っている、という仏教的真理を世界中に浸透させることにより、人々の間に他者への哀れみや愛の感情を育てていこうとするのである。「気づき」と「相互存在」は平和と非暴力のキーワードである、とナット・ハンは主張する。

彼がベトナム戦争中につくった「相互生存教団」の戒律は、他宗教に対する寛容、慈善と簡素な生活、怒りや憎しみの排除、生命尊重と戦争防止の実践などを定めている。当然、反戦平和の運動に関して、ナット・ハンは非暴力主義を提唱する。「戦争を阻止するためには、私たちが非暴力を育《はぐく》むことです」と彼は訴える。「非暴力を育む」とは「自分自身の中にある暴力と戦争の根を絶やすこと」を意味している。[14] つまり、ダライ・ラマと同じように、内なる平和に基づく非暴力の実践を唱えるのである。

そして、そうした非暴力の実践のために、宇宙的な自己への目覚めを説くところもダライ・ラマと共通している。ナット・ハンによると、われわれは「小さな自己」の内に閉じ込められることで「大きな自己」を破壊しているという。彼は説く。「私たちは、真の自己になる能力をもつべきです。それは、私が、川になり、森になり、ソ連の市民になる能力をもつべきだということです」[15]。万物と一体化した宇宙的自己になる能力の開発、それは、ナット・ハンの言う「相互存在」の世界を見出すことに他ならない。他に依存して相互存在し、相互存在の無限の広がりにおいて宇宙と一体化した自己。ナット・ハンが思い描く「大きな自己」「真の自己」とは、そのようなものに他ならない。すなわち、彼もまた〈私という宇宙〉を目指す仏教者なのである。

しかしながら、ナット・ハンの非暴力の実践には、ダライ・ラマと異なる面もある。

第一に、ナット・ハンの非暴力は、政治的次元よりも精神的次元を重視する。「戦争を防止することのほうが、戦争に抗議することより、ずっと良い[16]」と考えるナット・ハンは、外的な抵抗よりも、人々の内面の平和化に力を注ぐ。日常生活における瞑想も軍備拡大を止めるための「抵抗」である、と彼は言う[17]。ただし、ナット・ハンは、精神的次元から政治的な非暴力闘争へ踏み込むことも否定はしない。その場合、ダライ・ラマが主に言論や外交を通じた政治的闘争を行うのに対し、ナット・ハンは断食（fast）や平和行進（peace walk）等の抗議行動を支持する[18]、といった違いが見られる。

第二に、ナット・ハンは、ダライ・ラマのそれに比べ、より大衆化された瞑想法をつくり出している。歩きながらの瞑想法や簡素な呼吸法などは一般人が日常生活で実践できるものであり、ナット・ハンによる説明の仕方も非常に平易である。例えば、彼が考案した「否定的な感情を認めて変えるための微笑みの瞑想」は、息を吸いながら自分の心身の痛みを意識した後、息を吐きながらそれに微笑《ほほえ》みかける、といったことを段階的に繰り返すものである[19]。また、歩きながら瞑想することの効能も力説してやまない。これは、集中してゆっくり歩き、息を吸ったり吐いたりする間に自分が何歩進んでいるかを意識するような瞑想法とされる[20]。ナット・ハンは、そのように仏教の実践を社会生活に取り入れようとする。

ダライ・ラマも、瞑想には多くの種類があり、日常生活における瞑想も可能だと述べている。だが、瞑想の完成を非常に困難な道のりと考えるため、集中的な精神修行には公式の瞑想セッションに行くのがよいとする。[21] 結局、日常生活での瞑想はさほど強調されず、瞑想の諸段階に関する高度な講義が、ダライ・ラマの仏教の特徴となっている。一方、それに対してティク・ナット・ハンは、聖者の悟りを目指す瞑想ではなく日常的な「気づき」の瞑想法の開発に力を注いだ。一日中、誰でも、どこでも、簡単にできる瞑想の健康法を仏教的に考え出した。仏教の瞑想を、いわば「心のエクササイズ」に仕立て上げた。これには、従来仏教に無関心だった人々も関心を寄せ始め、近年のナット・ハンは、米グーグル本社で講演するなど、幅広い分野で瞑想指導を行っているという。

とはいえ、瞑想のエクササイズ化という試みが持つ大衆性とは裏腹に、ナット・ハンが掲げている宗教的な理想はどこまでも峻厳である。ナット・ハンが説く「心のエクササイズ」に魅了される人々の多くは、精神安定をはかる瞑想法の行き着く果てに苛烈な自己犠牲が要求されているのに恐らく気づいていない。峻厳な自己犠牲の理想は、極限状態における非暴力の信念の保持という形で明らかにされる。ベトナム戦争の時、ナット・ハンと共に奉仕活動を行った多くの同志が殺された。彼はとてつもない苦しみに襲われたが、それでも人々に「あなたが暴力のせいで死ぬとしても、自分を殺した人を許せるように哀れみについて瞑想しなければならない」と説いて回ったという。[22]『忠告』と題する、ナット・ハンの詩がある。少し長くなるが、その前半部分を引用しておきたい。

『忠告』(23)

私に約束してください
今日、私に約束してください
いま、私に約束してください
太陽が頭上にあるあいだに
まさしく天頂にあるあいだに
私に約束してください

たとえ彼らが
山ほどの憎しみと暴力で
あなたを打ち倒しても
たとえ彼らがあなたを虫けらのように
踏みつけ、踏みつぶしても
たとえ彼らがあなたの手足を切りとり、はらわたを抜いても

忘れないでください、兄弟よ
忘れないでください
人はあなたの敵ではないと

あなたにふさわしい唯一のものは哀れみ——
無敵で、無限で、無条件の、哀れみです
憎しみでは決して対抗できません
人の中の野獣には
（以下省略）

ナット・ハンの瞑想指導によって怒りの心から解放された、そう語る人たちは少なからずいよう。だが、しかし、自分を虫けらのように踏みつぶし、憎悪でバラバラに切り刻もうとする者たちにも哀れみをかける、と「約束」できる人が、果たしてどれほどいるだろうか。そして、かくも過酷な信念に多くの人々を誘導するためナット・ハンが瞑想の一般化を試みているのだとすれば、それは元々脱世俗的なタイプの仏教を強《し》いて世俗社会にかかわらせようとする行為に他ならない。彼が進める「心のエクササイズ」の背後にあるのは「社会の脱世俗化」という意図である。

なお、筆者がここで、ナット・ハンの仏教を脱世俗的と称するゆえんは、彼の主張が明らかに世俗の倫理を超脱するからである。世俗社会のルールでは、不当な暴力に対する正当防衛が認められている。仏教においても、世俗社会における正当防衛まで否定する思想はない。ブッダは、脱世俗的な出家教団のルールとして不殺生戒《かい》の厳守を定めたが、政治的反戦などの社会運動は行っていない。社会的な非暴力闘争は、近代以降に生まれた新たな思想である。また、大乗仏教の伝統には、一闡提《いっせんだい》（仏になる種子を断った極悪人）の仏性をめぐる『涅槃経《ねはんぎょう》』の議論のように、人間の絶対的尊厳を認めながら、しかも悪人を断固として裁く思想も見られる。「人間」は許しても「悪人」は許さない、怒りを生かして菩提《ぼだい》を現ずる、そうした自在な実践が大乗仏教には説かれている。ところが、ナット・ハンは大乗仏教徒であるにもかかわらず、あくまで自分を殺す悪人を哀れみ、許せ、と頑《かたく》なに唱えるばかりである。

ダライ・ラマと同じく、ナット・ハンもガンディー的な非暴力主義の実践者と言える。だが、彼が仏教的な平和主義者であるためには、世俗と脱世俗の違いを明確化し、世俗社会において智《ち》慧《え》の倫理、すなわち状況倫理的なものを認める必要があるように思う。

4 人間革命と脱イデオロギー——池田大作

創価学会の名誉会長である池田大作は、今の日本で最も社会的影響力を持った仏教者であろう。一九二八年生まれの池田は、少年時代に第二次世界大戦の惨禍を体験し、反戦平和主義の信念を育んだ。十九歳で創価学会に入会し、戸田城聖（後の第二代会長）に師事した。創価学会は、十三世紀の日本の仏教僧・日蓮を信奉する在家仏教団体である。創価学会の草創期に目覚ましい活躍をした池田は、戸田の死後、同会の実質的な指導者となり、一九六〇年、三十二歳の若さで第三代会長に就任した。

池田は、約二十年間にわたって創価学会の会長職を務めたが、この間、創価学会は日本国内で公称八百万世帯を超《こ》える会員数を擁するまでに発展する。また、池田は海外での布教活動にも力を入れた。現在、創価学会員が居住する国は百九十二カ国・地域にのぼり、日本国内に八百二十七万世帯、海外に二百二十万人の会員を擁するという。(24)

創価学会の仏教思想の最たる特徴は、現世において過去世の悪業《あくごう》をすべて消滅できる、と説くところである。仏教的な業の因果論に基づけば、戦争に苦しむ人々は悪業の報《むく》いを受けている。ゆえに、人類が悪業から自由になれれば現世の戦争もなくなるわけだが、一般の仏教思想では、人間が過去世からの悪業の影響を今生《こんじょう》一回で打ち消すのは不可能とされている。そこで、社会的良心を持った仏教者たちは、せめて今以上の悪業を積ませないように「怒りや憎しみの心を捨てよ」と人々に説き、状況打開の唯一の方途として政治的次元での非暴力的抵抗に活路を見出す。ダライ・ラマしかり、ティク・ナット・ハンしかり、である。

ところが、日蓮は〝『法華経』を信ずる人は、すべての悪業を現世で生きているうちに消滅して成仏できる〟と力説した。現象世界を支配するのは原因と結果の法則である。その因果の法則の根源に「因果倶時《ぐじ》」(原因と結果が同時にあること＝筆者注)の法(妙法蓮華経)がある。だから、因果に自在な妙法に帰依し、妙法を自らの生命に顕現すれば、人々は因果の鉄鎖《てっさ》を断ち切り、戦争や災害といった、どうしようもない運命的な災難からも解放される。真に平和な国家をつくるには、正しい法たる妙法を世に立てる以外にない――。これが、日蓮の平和論の核心をなす「立正安国」の思想である。

池田は、かかる日蓮の立正安国を信ずる立場から、政治的次元よりも宗教的次元での平和へのアプローチを重視する。池田にとっての真の敵は、戦争そのものではなく、戦争の根源的原因としての人間の悪業である。人間が悪業の呪縛《じゅばく》から解放されることを、池田は「人間革命」と呼ぶ。彼が著した長編小説『人間革命』は、「戦争ほど、残酷なものはない。戦争ほど、悲惨なものはない」(25)という言葉で始まる。そして、「一人の人間における偉大な人間革命は、やがて一国の宿命の転換をも成し遂げ、さらに全人類の宿命の転換をも可能にする」とのテーゼが示される。[26]

人間革命は、われわれが悪業の影響から自由になり、真に自立することを意味していよう。一九七〇年代の前半、池田はイギリスの歴史学者A・トインビーと長期にわたる対談を行ったが、その中でこう述べていた。

「仏法が教え、また実現しようとしている究極の理想は、人間の本源的主体性を確立することです。それは、各人の宿業に対する主体性であり、社会的・自然的環境に対する主体性でもあります[27]」

人間革命とは宿命の転換であり、それは取りも直さず「人間の本源的主体性の確立」をもたらす。かかる本源的主体性を確立した究極の理想的人格こそ「仏」である。

そして、仏の生命は一個人でありながらも宇宙的な広がりを持っていると、池田は主張する。すなわち、仏とは「宇宙の背後に、また宇宙全体を含んで実在する〝法〟を悟り、その〝法〟と一体化して〝大我〟を得た人格のこと[28]」だという。池田が考える究極の人格は宇宙的な大我を実現した人である。池田は、仏教の大我論に立脚する「宇宙的ヒューマニズム」を広く提唱してきた。彼もまた、〈私という宇宙〉を提唱する現代の仏教者と言ってよい。

ここであわせて指摘しておきたいのは、池田が掲げる宇宙的ヒューマニズムの大衆性である。創価学会において、人間革命の実践は何も超人的な努力を要するものではない。それは広く一般民衆に開かれていると言える。創価学会員の信仰実践は簡素であり、基本的には日蓮が顕《あらわ》した曼《まん》荼《だ》羅《ら》本尊に「南無妙法蓮華経」と繰り返し唱えればよいとされている。(29) しかも、日蓮仏教では「世法即仏法」「煩悩《ぼんのう》即菩提」という法華経的な立場を踏まえ、信仰に励めば日常の行動が自然に仏法化されるので、怒りや憎しみを無理に消滅させる必要もないと説く。創価学会が、世界中で数百万人の会員を獲得できた要因の一つは、こうした易行《いぎょう》性、大衆性にあろう。

当然のことながら、宇宙的ヒューマニズムには利他性もある。創価学会員が毎朝夕に行う祈りは、「世界の平和と一切衆生の幸福のために」という言葉で締めくくられる。宇宙的自己は万物と一体であり、全生物、全自然と共に幸福にならなければ自分一人の幸福もあり得ない。すぐれて大乗仏教的な幸福論が、創価学会にはある。人間革命を通じて〈私という宇宙〉の視座に立った民衆が、人間社会や地球環境を共生の方向へと導いていく――池田は、そのような世界平和へのヴィジョンを描いている。

ところで、池田は人間革命論に基づき、精神的次元での脱イデオロギー的な非宗教的活動も多彩に展開している。池田の脱イデオロギー志向は、いかなる社会体制下でも人間革命をなしうる「人間」がいる限り平和で幸福な社会は実現できる、との信念に支えられている。トインビーとの対談の中で、池田は「君主制にせよ独裁制にせよ（中略）制度自体はすべて権力に関係する者の姿勢いかんで、善にもなれば悪にもなる」(30) と述べている。人間革命論は一つのイデオロギーではない。それは、あらゆるイデオロギーを世界人類の幸福のために生かしゆく、生命そのものの根源力を信奉する思想、言い換えるなら生命的存在論なのである。

一人の人間革命は万人の人間革命を呼び起こすと、池田は言う。一人の人間革命によって顕現される大きな自己は、その宇宙的な存在の広がりゆえに縁ある人々、最終的には全人類の業に善の影響を与え、その人間革命を促さずにはおかない。この考え方からは、真正面から布教活動ばかり行わなくても、人間同士の友好を深めることで人間革命の輪を広げていけるという姿勢も生じてこよう。

したがって、池田は、宗教活動の傍《かたわ》ら、世界平和を目指して各国の政治家、文化人、学者等と積極的に会見を行い、人類的課題について様々に対談を重ねてきた。彼は脱イデオロギーのヒューマニストとして、冷戦時代に東西両陣営の中心的指導者と会うなど、現在までに世界五十四カ国・地域を歴訪して対話を行ってきた。

ダライ・ラマは、政治的な非暴力闘争を行う中で共産主義のイデオロギーを批判し、たびたび国際政治の緊張をつくり出してきた。これに対し池田は、イデオロギーの如何《いかん》を問わず世界中の指導者たちと友好を深め、分断された世界を結び合わせようとする。彼の対話の仕方は、対決的でもなければ妥協的でもなく、あくまで人間と人間の共感に基づこうとするものである。創価学会では、これを人間主義の対話と称している。

しかしながら、脱イデオロギー的な人間主義の対話外交は、一面では政治的信念に欠けているようにも見え、この点がしばしば批判の俎上《そじょう》にのせられてきた。そもそも、大規模な核戦争が起きてしまえば、精神的次元からの平和行動の積み重ねも烏有《うゆう》に帰すであろう。そこで池田も、地球的な諸問題に関しては積極的に政治的次元にかかわり、国連中心主義に立ちながら、(31) 核兵器の廃絶や地球環境の保護を訴える政策提言を頻繁《ひんぱん》に行っている。

なお、日本における創価学会は政党をつくったために、一方では「宗教者なのに、精神的次元に専念していない」と非難され、(32) 他方では「公明党の政策はご都合主義的だ」と揶揄《やゆ》されることがままある。創価学会が公明党を支援する意義はどこにあるのか。公明党は本当にイデオロギー的理想を持たなくてよいのか。これらの疑問に対し、創価学会は今、より詳細な回答を示す必要に迫られているように思う。

結　論

今日、公共的責任を担おうとする仏教者たちは、「無我」を自己の消滅とは考えていない。彼らは無我を縁起の視点から捉えることによって他者と相互依存する自己を肯定し、そこから仏教的な責任の主体を自覚する。

現代のタイには、「開発僧」と呼ばれる上座部仏教（Theravāda）の僧たちがいる。彼らは、初期仏教に立ち返って経済至上主義的なタイの近代化の流れを批判し、縁起の理法に基づく共生社会の理想を唱えつつ、タイの各地域で内発的発展（endogenous development）の指導者として活躍している。しかしながら、タイの開発僧たちが真にグローバルな責任感を持って発言し、行動しているとは言いがたい。深刻な国際紛争や地球的規模で起きている環境破壊、貧困、格差、人種差別等の人類的課題に対し、彼らが主導的な役割を引き受けようとする姿は、残念ながらあまり見られない。彼らの自覚は〈無我＝縁起＝社会的自己〉のレベルにとどまる。

他方、無限の利他を掲げる大乗仏教の伝統に立脚して〈無我＝縁起＝宇宙的自己〉の仏教を唱えるのが、本章で取り上げた三人の地球仏教者たちである。彼らは、〈私という宇宙〉の視座から地球全体に対する責任感を持ち、内なる平和に基づく非暴力世界の構築を願って行動する。また彼らは皆、自らが戦争や紛争の被害者であり、それゆえに血肉化された反戦平和主義の信念を形成している。

もっとも、彼らの世界平和へのアプローチは必ずしも一様ではない。内なる平和をともなう非暴力主義を主張する点は、三人とも同じである。しかし、チベット亡命政府の指導者だったダライ・ラマは積極的に政治的領域にかかわり、ティク・ナット・ハンは社会奉仕や抗議行動を好み、池田大作は「宇宙的ヒューマニズム」を標榜《ひょうぼう》しつつイデオロギーを超えた交流と国連支援に熱心である。どのアプローチが最も成功するのか。それを知るには歴史の審判を待つしかない。

ダライ・ラマは、不殺生の仏教的信念を政治的次元に持ち込むことで世界的な賞賛を浴びたが、その攻撃的な政治的態度によって反対勢力と友好的に対話する道を閉ざしている感がある。愛に貫かれたティク・ナット・ハンの思想と行動は、人類の良心に呼びかけてやまないが、その崇高さゆえに大衆性や人命尊重の精神に欠ける嫌いがある。池田大作の脱イデオロギー的な平和行動は分断された世界を結び合わせる力となっているが、逆にその脱イデオロギー性が政治的次元で様々な誤解を生む、という状況を生じている。

また、三人の布教態度も異なりを見せている。チベット中観派の難解な理論を欧米の知識人のために噛《か》み砕いて解説し、現代文明の諸問題ともリンクさせるダライ・ラマは、「仏教の現代化」を試みたと言えるだろう。本来は深淵な悟りの境地を目指す仏教の瞑想修行を一般的な心のエクササイズに仕立て上げ、瞑想の日常生活化を追求するティク・ナット・ハンは、「仏教の生活化」を推進している。運命からの人間の自立を意味する人間革命を提唱し、大衆性と利他性を持った教義で社会変革に熱心に取り組む池田大作は、「仏教の社会化」をはかってきたと考えられる。

世界平和へのアプローチ、現代社会とのかかわり方、この両面において、〈私という宇宙〉を唱える仏教者たちの真価は、まさにこれから問われていくことになるだろう。

注

(1)『ブッダ最後の旅――大パリニッバーナ経』中村元訳、岩波文庫、一九八〇年、六五頁。
(2) 同前、一〇二頁。
(3)「縁起」の仏教上の意味については、仏教学者の間でも様々な議論がなされている。私の縁起理解は、拙著『新版　日蓮仏法と池田大作の思想』(第三文明社、二〇一八年、一五六～一五八頁)の中で少しく論じている。関心のある方は参照されたい。
(4) ダライ・ラマ『チベットわが祖国　ダライ・ラマ自叙伝』木村肥佐生訳、中公文庫、二〇〇一年(改版)、一三五頁。
(5) 同前。
(6) 同前、一八九頁。
(7) 同前、一九〇頁。
(8) ダライ・ラマ14世テンジン・ギャツォ『世界平和のために』塩原通緒訳、角川春樹事務所、二〇〇八年、二一一頁。
(9) ダライ・ラマ十四世『愛と非暴力――ダライ・ラマ仏教講演集』三浦順子訳、春秋社、一九九〇年、一二三頁。
(10) 同前、一二五頁。
(11)『中論――縁起・空・中の思想(下)』三枝充悳訳注、レグルス文庫、一九八四年、六五一頁。
(12) ダライ・ラマ14世テンジン・ギャツォ『ダライ・ラマの「中論」講義　第18・24・26章』マリア・リンチェン訳、大蔵出版、二〇一〇年、二〇二、二〇七頁。
(13) 前掲書、塩原訳『世界平和のために』一八頁。

(14)ティク・ナット・ハン『あなたに平和が訪れる　禅的生活のすすめ——心が安らかになる「気づき」の呼吸法・歩行法・瞑想法』塩原通緒訳、アスペクト、二〇〇五年、二四九頁。
(15)ティク・ナット・ハン『仏の教え　ビーイング・ピース——ほほえみが人を生かす』棚橋一晃訳、中公文庫、一九九九年、一〇一頁。
(16)同前、一四三頁。
(17)同前、一五八頁。
(18)例えば、その著『平和はここに始まる』（邦題仮訳）において、ナット・ハンは中東問題の解決のために「パレスチナ人の一グループが集まって、どこか目立つ場所、例えばニューヨークかパリで、断食を実行したらどうか」と提案し、断食による非暴力的抵抗を勧めている（Thich Nhat Hanh, *Peace Begins Here: Palestinians and Israelis Listening to Each Other* [Berkeley, CA : Parallax Press, 2004], p. 114.）。日本語訳は筆者による。
(19)前掲書、塩原訳『あなたに平和が訪れる　禅的生活のすすめ』三九〜四〇頁。
(20)同前、三〇〜三一頁。
(21)前掲書、塩原訳『世界平和のために』五九頁。
(22)前掲書、塩原訳『あなたに平和が訪れる　禅的生活のすすめ』一四三頁。
(23)同前、一四四〜一四六頁。
(24)創価学会公式サイト「世界の創価学会」（https://www.sokanet.jp/sgi/gaiyo.html）〔二〇二〇年八月三日閲覧〕。
(25)『池田大作全集』第一四四巻、聖教新聞社、二〇一二年、二一頁。
(26)同前、一七〜一八頁。

(27)『池田大作全集』第三巻、聖教新聞社、一九九一年、六三三頁。
(28)同前、五三九頁。
(29)具体的には、朝夕の二回、自宅に安置した曼荼羅本尊に向かって『法華経』の要品を読誦し、後は好きなだけ「南無妙法蓮華経」の題目を唱えることが基本的な修行となる。
(30)前掲書『池田大作全集』第三巻、四〇六頁。
(31)国連中心主義に立つことは、政治的次元に踏み込んだ池田が、その脱イデオロギー性を堅持し続けるために必要不可欠であったとも考えられよう。
(32)日本国内では、創価学会を支持母体とする公明党の存在に関して、「政教一致」ではないか、との批判の声がよく聞かれる。しかし、創価学会の社会理想に基づけば、彼らの政治参加は、共生の仏教的エートスを社会に広げる試みの一つにすぎない。それは、宗教的理念とつながっているが宗教活動ではない。公明党が結党されてから、ほぼ五十六年が経過した。その間、彼らが仏教的な戒律を条例化しようとしたり、政治権力を用いて他宗教の布教を制限しようとしたり、といった動きは、まったく見られなかった。創価学会の政治参加とは、あくまで倫理的に政治にかかわることであった。彼らが初期に提唱した「王仏冥合」の理念も、倫理的な政治へのかかわりを意味したと考えてよい。
創価学会員には、世界平和を願う民衆の代表として自分たちが政治に参加するのだ、との意識が強い。ところが反対勢力の側は、創価学会が実際には公明党を布教の手段にしている、と考える。かくして、両者の間には摩擦が絶えないわけである。

第三章
創価教育学会の戦時対応について
――解釈学的・神学的考察

はじめに

戦後、戦争責任をめぐる議論において、宗教者の戦争協力が問題になった。日本の仏教界に関しては、教団の指導者たちの大半が日本の帝国主義戦争の思想的な加担者となった点が批判されてきた。その中で、創価学会の前身である創価教育学会の牧口常三郎会長が軍部政府の思想統制に異を唱え、弾圧を受けて獄死したことは一際《ひときわ》異彩を放っている。

ところが、この牧口会長の戦時下抵抗に対し、あれは宗教上の抵抗であって反戦運動とは言えない、とする意見が以前からあった。創価教育学会に関する現存資料を丹念に調べても、牧口会長が直接、戦争反対を唱えた形跡は見当たらない。むしろ、創価教育学会の一部会員が戦争翼賛的だった様子もうかがえる。一部の歴史研究者は、そのように論じた。

これに対し、かつて私は、創価教育学会の戦時対応が根本において日蓮仏法の論理に基づくものであり、そこには「見えない」反戦の行動があったと指摘した。はっきりと戦争反対の声を上げることは政治的な「見える」反戦であるが、反戦の仕方は他にもある。教育を通じて人々の心を平和に向けさせる、宗教の力で戦争の原因そのものをなくす、これらも教育的あるいは宗教的な「見えない」反戦と言えるであろう。

教育に即効性はない。しかし、時として宗教には即効性がある、と信じる人もいる。創価学会員がまさにそうである。宗教の即効性は理性で検証できず、本来、私たちが肯定も否定もできないものだろう。したがって、宗教的な「見えない」反戦も、政治的な「見える」反戦と同じく、目の前の戦争に抵抗する行動と見る余地が残されているのである。

いずれにしろ、資料的根拠を重視する近代的な歴史解釈では、記録や言説の表に現れない「見えない」反戦を把握するには不十分と言わねばならない。では、他にどのような歴史の解釈があるだろうか。私が考えるに、二つの可能性がある。一つは、解釈する者の先入見、先行理解を自覚すること。これは哲学的な解釈学の系譜から生まれた、ドイツの哲学者ガダマーの解釈学が参考になる。(1) もう一つは、宗教的な認識のあり方で、こちらはいわゆる神学、仏教では宗学もしくは教学とも呼ばれるが、そうした領域で論じられてきた。順番に述べていくが、その前に近代的な歴史解釈の問題点を見ておきたい。

1 啓蒙主義・歴史主義の解釈学

近代的な歴史解釈は、いわゆる西欧近代の啓蒙主義の洗礼を受けており、そこでは理性が一切の基準になる。理性の完全性という光に照らせば、早とちりをしたり、他者の権威によりかかったりすることがなくなり、先入見、偏見が克服される。理性が唯一かつ究極の権威であり、それはテクストに書かれてある以上によく知ることができる。こうした考えから、啓蒙主義は歴史の合理的な説明を試みた。理性を用いた真理の獲得、これが近代的な歴史解釈の一つの特徴になっている。

また、この啓蒙主義の歴史研究に反発して、感情や直観を重視するロマン主義が登場した。それはやがて歴史主義の解釈学を生み出し(2)、この歴史主義がまた、近代的な歴史解釈の大きな特徴となっている。歴史主義は歴史意識(historisches Bewußtsein)を徹底する。歴史意識とは、過去のどの時代にも固有の価値があり、どんな時代にも通用する普遍的な基準など存在しないとする意識をいう。時代の隔《へだ》たりは克服できない。ただし、人間性は時代を超《こ》えて変わらない。だから、過去を知るには、自らの視点をその時代の精神の中に移し入れて理解することである。そのために、厳密な史料批判が欠かせない。これが歴史主義の解釈学であり、過去の客観的な認識を目指している。

啓蒙主義が掲げた解釈者の先入見の克服を、歴史主義はさらに徹底し、客観主義を掲げるまでになっている。こうして近代的な歴史解釈は、過去の時代の客観的な認識が可能だと考えるに至ったのである。

それゆえ、創価教育学会の戦時対応を論じる際にも、多くの研究者が、この近代的な歴史解釈を盾に自説を正当化している。一例として、B・ヴィクトリアの近代日本仏教研究を取り上げてみよう。オーストラリアの大学に所属し、仏教徒でもある同氏は、戦時下における日本仏教の「暗黒面」を暴く研究を行った。その流れで創価教育学会の歴史を調査し、牧口会長は信仰上の理由で弾圧されたが、戦時体制には従順だった、と結論づけた。

私から見ると、反戦思想を政治的な次元に限定する点がまず疑問なのだが、根本的な問題は、彼が啓蒙主義や歴史主義の素朴な信奉者に見える、ということにある。『禅と戦争』と題する自著の「エピローグ」で、ヴィクトリアは同書の目的について「歴史という鏡の黒ずんだ部分を磨き、その全体図を明らかにするため」「ひとたび仏教の過去が曇りや歪《ゆが》みなく映し出されるならば、それは我々の未来も照らし出すだろう」[3]などと述べている。ここには、公平で丹念な資料考証と理性的な批判精神を通じて、過去の歴史の事実を鏡に映し出すように客観的に示せる、との自負が横たわっている。

しかしながら、そのような歴史認識が本当に可能なのだろうか。研究者は資料を解釈したうえで「事実」を提示するが、解釈の仕方は多様だ。事実それ自体は、誰にも示せないであろう。ニーチェが「事実」「事実なるものはなく、あるのはただ解釈のみ」[4]（傍点原著）と述べたとおりである。

それにもかかわらず、ヴィクトリアは、隠された資料を偏《かたよ》りなく示せば過去の事実が全体的に明らかになる、と楽観的に語っている。これは歴史主義的な思考に他ならない。さらに、資料を解釈する自分が理性的で、いかなる先入見からも自由であり、何の歴史性も帯びていない、とする啓蒙思想の前提にも立っている。この前提自体が、じつは啓蒙思想特有の先入見に他ならないことを、次に述べる哲学的解釈学では指摘している。

2　哲学的解釈学

解釈学は聖書や法律、古典を解釈する技法として発達し、シュライアマハーによる体系化を経て、ディルタイにおいて「精神科学」の方法論となった。こうした近代の方法論的な解釈学に対し、ガダマーは、ハイデガーの存在論の影響の下で、理解（Verstehen）の成立について哲学的に考察する。

近代的な解釈学において、解釈者は自らの先入見を排除してテクストを理解すべきだとされたが、ガダマーは、解釈者の先入見こそが理解の条件であると主張する。というのも、過去の理解とは過去と現在の対話であり、それは現在の解釈者の先入見によって可能になる、と考えるからである。哲学的解釈学では、過去のテクストだけでなく現在の解釈者もまた歴史の制約を受け、一定の先入見の中に投げ出されていると見る。理性を使用する場合もそうである。ガダマーは言う。「理性はわれわれにとって現実の歴史的な理性としてしか存在しない。端的に言えば、理性はそれ自身の主人ではなく、つねに、自らがかかわる所与に依存し続ける」[5]と。

すなわち、私たちの理性も、現在の先入見という歴史的な地平による制約を受けている。地平とは「ある地点から見えるすべてのものを包み込む視界」[6]を意味する。ある視点から見ること、それが地平を持つということである。私たちは、常に現在という歴史的な視点から物事を考えている。同時に、その視点は伝統という形で過去の地平から影響を受け、変容し続けている。これを意識することを「作用史的意識」（wirkungsgeschichtliches Bewußtsein）という[7]。そうした中で、過去の地平が現在の地平に媒介され、地平の融合が起きる。この現在と過去の地平融合が近代以降の歴史認識に他ならないと、ガダマーは説明しているのである。融合と言っても、実際に存在するのは現在の地平だけなので、現在が過去との出会いによって変容することを意味するのだろう。

解釈者の理解において、現在の地平と過去の地平はたえず融合している。それは動的であって、客観的方法によるテクストの唯一正しい解釈などは啓蒙主義的な幻想にすぎない。また、人間が有限である以上、テクストの意味は著者の意図を超えたところにあると見なされる。歴史主義が唱える著者の意図の再構成は、完全には不可能なうえに第二義的な問題となる。真実には、テクストに示された事柄について、歴史の制約の中で現在と過去が対話するしかない、というわけである。その際、解釈者はテクストを現在の状況に適用しつつ理解する。テクストを読む者は、常に「自分が理解するテクストに参加している」のであり、次の世代はまたそれと違った仕方で理解するのだという。(8)「のちの世代はどの世代も、現行の世代とはつねに違った仕方で同じテクストを理解する」(9)というのが、ガダマーの主張である。こうした哲学的解釈学に従えば、創価教育学会の戦時対応に関する諸資料についても、当然、時代によって解釈が異なってくるだろう。

さて、ここからさらに、ガダマーの解釈学を私なりに展開したい。ガダマーは、同じテクストでも時代によって解釈が違うと唱えた。それならば、同時代においては、各人の人間関係のあり様によっても解釈に違いが出るのではないだろうか。社会には多種多様な人間関係があり、その中で個人が受ける過去の歴史からの影響は一律ではない。すると、各人の人間関係に応じて過去の伝統の引き受け方とそれに由来する先入見に違いが生じ、異なる解釈の傾向性が生じても不思議ではないと思われる。

昨年（二〇一八年）、『創価学会秘史』という書籍が講談社から出版された。著者は高橋篤史というジャーナリストで、創価教育学会の戦時対応を中心に教団資料による検証を行っている。先のヴィクトリアと同じく、牧口会長が軍部政府と対立したのは宗教上の理由からで反戦運動から来るものではなかったと言い、創価教育学会が体制に従順であった点をとりわけ強調している。「創価学会は過去の歴史を正しく伝えていない」「今日、『軍部政府と対決し弾圧された反戦平和の団体』などと一般に流布されている創価学会なり創価教育学会なりのイメージとはかなり様相を異にする実像だ[10]」等々と、高橋は創価学会の歴史認識を強く批判している。

高橋が行った資料解釈については、まず「歴史の客観的な認識」という歴史主義的な思考に支配されている点を指摘すべきだろう。次に、高橋にかかわる先入見を背景的に知っておく必要がある。現代日本に生きる高橋には民主主義的な価値観が見られる。また、同書の執筆にあたって、現代の昭和史研究の成果を参照している。これらは、高橋の先入見を形成し、戦後民主主義的な理念による創価教育学会解釈を導いているのである。

ただし、高橋の先入見をもっと強く特徴づけているものが別にある。それは創価学会にかかわる彼の人間関係史だ。一九六八年生まれの高橋は、身近に創価学会員がいない環境で育ったが、二〇〇四年に取材で創価学会本部の関係者と会った際、同会が猜疑心《さいぎしん》の強い団体だと感じたと言う。(11) その後、二〇一二年に公明党や学会本部の内情を探る批判記事を書き、(12) 二〇一三年には学会内の怪文書事件を喧伝《けんでん》する記事を写真週刊誌に寄稿する。(13) さらに、二〇一四年秋に戦前の創価教育学会が発行した機関誌等を学会離反者とおぼしき人物を通じて入手し、(14) 二〇一八年になって『創価学会秘史』を出版したのである。

要するに、高橋は元々創価学会の活動に疑念を抱いて同会の取材を始め、学会離反者や学会批判者たちと濃密な人間関係を築きながら調査を行ってきた。そうして形成された高橋の先入見が、創価学会の過去の教団資料と出会った結果、〝創価教育学会は政治的な反戦を行わず、体制に従順だったから、反戦平和の団体ではなかった〟とする理解の仕方につながったと言えるだろう。

そもそも高橋は、牧口会長や戸田城聖・第二代会長の言論が純然たる思想研究の対象に値しない、とする先行理解に立ち、もっぱら刺激的な内容の暴露に力を注いでいるかに見受けられる。この先行理解が、創価学会批判につながる人間関係の中で形成された先入見によるのは言うまでもない。

比較のために、私自身の先入見にも触れておくと、私もまた、現代日本の民主主義的な価値観の中で生きており、思想史研究にかかわる者として、様々な昭和史研究の成果にも接している。

そして、創価学会員の家に生まれ育ち、創価大学を卒業した私は、今は僧侶で学会員ではないが、東洋哲学研究所をはじめ、創価学会に友好的な集団内で研究活動を続けてきた。出家して日蓮正宗宗門にいた時期を除き、私の周りには創価学会の活動に賛同する人が多くいた。

私の場合は、創価学会及びそれと友好的な集団内で人間関係を構築し、それが私の先入見に影響している。高橋と違って、牧口会長や戸田会長の言論が本格的な思想研究の対象になる、という先行理解に立つのも、このためだろう。加えて、私が牧口会長のテクストから「見えない」反戦を語りかけられたのは、創価学会に近い人間関係を重ねる中で、日蓮仏法の伝統が私の先入見に流れ込み、私の牧口理解を条件づけているからだと思われる。

先ほどから言及している、宗教運動と反戦運動の関係を例に取ってみると、牧口会長にとって、日蓮仏法の宗教運動は最高最善の反戦運動だった。それは、仏法者の生命という存在を通じて平和を実現する運動であり、仏法者の生命は戦時体制をも大きく包み込むものとされている。牧口会長は獄死したわけなので、途中の過程で体制に従順に見えても、権力に迎合したわけではない。政治的な抗議を必要としない、存在論的な次元から反戦を行ったので、そう誤解されがちなだけである。私はこれを「見えない」反戦とも「存在論的平和主義」とも呼ぶが、その理解は基本的に日蓮仏法の「一念三千」論から導かれている。一念三千とは、衆生の生命(一念)に現象世界(三千)のすべてが収まることを言う。この一念三千の存在論を社会的実践に適用すると、一人の生命の変革が国家や世界を変革するということになり、これは、池田大作・創価学会第三代会長の小説『人間革命』のテーゼにもなっている。

以上のような理解の仕方は、当然ながら民主主義的な価値観からも昭和史研究の成果からも導かれない。日蓮仏法の論理を、単に学的対象として知っているだけでも無理だろう。創価学会における日蓮仏法の作用史の下、その独特な論理性が空気のように意識されない形で私の先入見に入り込んでいるからこそ、牧口会長のテクストの語りかけを鋭敏に聞きとることができたように思う。日蓮仏法の伝統に由来する先入見は、牧口会長の仏教的テクストの理解を可能にする正当な先入見と言えよう。[15] そこで、過去の牧口会長の実践は現在の解釈者の地平と融合して新たな光で再解釈され、「見えない」反戦という現代的な意義を持ったわけである。

哲学的解釈学は、解釈者がテクストの意味そのものには到達できないと考える。客観的な認識を確信していても、「自分を制御できない仕方で支配している先入見（Vorurteile）の暴力を、背後からの力（vis a tergo）として経験する」[16] はずだと、ガダマーは分析する。その意味で、高橋の解釈も、私の解釈も、客観的なものではない。歴史を超えた普遍性を持つとも言えないであろう。とはいえ、牧口会長のテクストと真摯《しんし》に対話して自らの地平を修正し、過去を現在に生かそうとするのはどちらであろうか。ともかく、高橋がどれほど過去の教団資料を日の当たる場所に出しても、唯一正しい解釈ができるわけではない、という点は重ねて強調したい。[17]

3　宗教的認識

今までの考察をまとめると、創価教育学会の戦時対応に対するあらゆる解釈は、様々な先入見によって規定されている。先入見は、時代の違いだけでなく、各人の人間関係のあり様によっても異なってくる。また、牧口会長の仏教的テクストの理解を可能にする正当な先入見は、日蓮仏法の伝統の中に立つことで形成される。それによって、「見えない」反戦という現代的な意義を見出《みいだ》す理解が可能になる。啓蒙主義や歴史主義に立った解釈学よりも哲学的解釈学のほうが、宗教者の反戦行動を理解するうえで多くのヒントを与えてくれる。これが私の学問的認識である。

最後に、私の宗教的な認識も示したい。それは創価学会の信仰者としての宗教的認識である。厳密に言えば一つの信仰的認識であって、普遍的な宗教性を考える立場ではない(18)。ここで、牧口会長のテクストは創価学会の精神史の一部になる。その解釈には、前提として創価学会の信仰が要請される。

牧口会長のテクストを読む創価学会員は、真っ先に牧口会長の信仰の内側に入り、次いで理解・解釈・適用といった解釈学的過程を経るものと考えられる。牧口会長との信仰の一致が、創価学会員の宗教的認識の核心である。著者と解釈者の信仰の一致は、歴史的な制約を超え出たところに成立する。したがって、それは、近代以降の解釈学で言われる、著者の内面への自己移入、著者の追体験、過去の再構成、現在と過去の地平融合などとは次元を異にしている。宗教的認識は、あくまで学問的認識とは別に論じられるべきであろう。

戦時下の牧口会長のテクストを読む際、創価学会員は、牧口会長との信仰の一致を前提に宗教的認識を得る。そこにおいて、牧口会長は偉大な社会改革者なのであろうか。もちろん、そうだが、第一義的には仏の使いであり、『法華経』に予言された「地涌《じゆ》の菩薩」の出現と捉えられている。牧口会長と近しい関係にあった日蓮正宗の堀米日淳法主は、戦後、牧口会長が「生来仏の使であられた[19]」と述べた。こうした見方は創価学会員の間で広く共有されている。ゆえに、創価学会の憲法にあたる会憲では、牧口会長をはじめとする三代の会長を「大聖人（日蓮のこと＝筆者注）の御遺命である世界広宣流布を実現する使命を担って出現された広宣流布の永遠の師匠[20]」と定めている。

ここに見られるように、創価学会員の宗教的認識の基準は日蓮にある。日蓮は日本及び世界を永遠の楽土にすべく時の政治権力者の宗教政策を誡《いまし》め、迫害に次ぐ迫害の中で『法華経』の真理を弘めた。政治的な戦争反対は行わず、自衛のための武力保持も認め、主要な信徒は武士階級が占めていた。それでも、およそ創価学会員は日蓮を絶対平和主義者だと固く信じている。日蓮は宇宙の慈悲を体現した末法《まっぽう》の仏であり、宇宙根源の真理によって戦争を根絶しようとしたと確信しているからである。

そこから翻《ひるがえ》ってみると、牧口会長もまた、日本と世界の平和を願って軍部政府の宗教政策を批判し、『法華経』の真理を弘めて迫害を受け、牢獄《ろうごく》で殉教した。日蓮の実践と同じである。すなわち、牧口会長も日蓮と同じく、宇宙の慈悲の体現者なのである。その意味からは、世俗的な次元を超えた平和の実践者とも言えるであろう。

創価学会員の宗教的認識から見て、最も重要な牧口会長の平和思想は、恐らく獄中でまとめられた訊問《じんもん》調書の中にある言葉であろう。牧口会長は、そこで『立正安国論』の一節を示しながら、次のように訴える。

例へば国王　陛下が法華経の信行をなさいましても此の法が国内から滅亡するのを見捨て置いたならば、軈《やが》て国には内乱・革命・飢饉《ききん》・疫病等の災禍が起きて滅亡するに至るであらうと仰せられてあります。斯様《かよう》な事実は過去の歴史に依《よ》っても、夫《そ》れに近い国難が到来して居ります。現在の日支事変や大東亜戦争等にしても其の原因は矢張り謗法《ほうぼう》国である処から起きて居ると思ひます。故に上は　陛下より下国民に至る迄総てが久遠の本仏たる曼荼羅《まんだら》に帰依《きえ》し、所謂一天四海帰妙法の国家社会が具現すれば、戦争飢饉疫病等の天災地変より免れ得るのみならず、日常に於《お》ける各人の生活も極めて安穏な幸福が到来するのでありまして之れが究極の希望であります。[21]

つまり、牧口会長の主張はこういうことだ——日中戦争やいわゆる「大東亜戦争」は、欧米植民地主義からのアジアの解放を目指す正義の戦争でもなければ、「現人神《あらひとがみ》」たる天皇の「聖旨」による聖なる戦争でもない。それは降ってわいた「災禍」「国難」[22]であり、正しい仏法への背反《はいはん》（謗法）から起きている。もはや仏法による解決しかなく、永遠の仏の生命である曼荼羅本尊に帰依して戦争や災害等をなくし、平和と幸福をこの世に実現すべきである——。このような考え方は、宗教的認識によらなければ到底理解できないであろう。だが、ひとたびその認識に立てば、戦時下における牧口会長の言動への疑問も徐々に解けてくる。

体制に従順に見えたのは、体制を味方にして仏法の力で戦争をなくそうとしたためである。政府の転向政策にかかわったのも同じ理由からで、内実は日蓮仏法の布教であった。また、牧口会長に戦争協力的と取られかねない言動があったとしても、それは根底的には、日本を『法華経』に基づく平和国家に変えるための方策だったのであろう。[23]先の尋問調書の一節は、牧口会長の真意が「大東亜戦争聖戦論」の否定と戦争の根絶にあったことを雄弁に物語っている。

さらに付け加えるなら、ここでは、すでに戦争が起きている、という状況にも注意を要する。「十五年戦争」という見方に立てば、創価教育学会が活動を開始してから弾圧を受けるまでの期間は常に戦争中であり、戦争反対でなく戦争終結こそが目の前の課題であった。[24] 当時の人々が「戦争に勝つ」という時、何よりもそれは「戦争が終わる」ことを意味したに違いない。民衆の第一の要求は生存であるから、当然のことだ。そうした中で、「仏の使」である牧口会長は、仏法の流布による戦争終結を祈り願い、それゆえに会の内外にわたる戦争支持者に対して対立よりも教育の道を選んだ。[25] ここでいう教育とは、仏法につながる生活法の教育である。それが「国家諫暁《かんぎょう》」であり、また「大善生活」の推進運動だったのである。その教育的な態度は仏の方便にも通じている。

以上が私の宗教的認識である。哲学的解釈学を介して浮かび上がった牧口会長の存在論的平和主義は、じつは「仏の使」としての働きであり、すなわち宇宙の慈悲の活動に他ならないことが、創価学会の信仰によって了解されるのである。

宗教的認識は、学問的認識が到達できない実在（reality）の全体性に信仰の力で迫ろうとする。学問の世界にあって、新しい学説は常に古い学説を批判しながら歴史に登場する。しかし、その批判という行為が二者択一的な偏りを生む。批判する理性では、真には実在の全体性に近づけない。学問的認識の役割は、良質な実在の部分性の提供であろう。かたや宗教的認識は、学問の進展を踏まえたうえで実在の全体性を求め続けるべきだ。部分を包括できない全体は、真の全体と言えないからである。

解釈学では全体と部分の解釈学的循環を説くが、学問と宗教も解釈学的循環の関係にあるべきではないだろうか。学問的認識は宗教的認識を検証し、宗教的認識は学問的認識を包括しようとする。しかし、一方が他方を否定する権利はない。学問と宗教とでは、世界を語る言語や文法が違うからだ。日本語とドイツ語のどちらが優れているかを論じても、あまり意味がないだろう。「神学は、それが哲学に対して興味あるものであろうと願わない時に初めて、哲学に対して興味あるものになることができる[26]」とはプロテスタント神学者K・バルトの言葉だが、ここで言われる神学とは、もちろん文献学や歴史学には吸収されないものである。

したがって、私は学問的認識と宗教的認識の双方から、今回のテーマを考察した。仏教者の戦時対応に対する解釈は、学問的に深められるとともに、宗教的認識にも開かれていなければならない。そして私は、学問と宗教を統合する基盤を、実在の全体性に迫る宗教の側に求めたい。宗教と学問の単純な住み分け論には反対である。

また角度を変えて言えば、学問的認識と宗教的認識は、それぞれ違った評価軸を持っている。学問的認識が宗教者の社会貢献を高く評価する傾向にあるのに対し、宗教的認識は何をおいてもその宗教的な信念を問うであろう。私たちは、社会的な視点からのみ宗教者の役割を考えるのではなく、宗教者が持つ信念や世界観をも十分にくみ取るべきである。

注

（1）解釈学は、西欧においてテクスト解釈の技法として発達した。文献学・神学・法学の分野の「特殊解釈学」を経た後、十九世紀にシュライアマハーが一般解釈学の理論体系を構築した。一方、哲学としての解釈学は、理解そのものを論じた十九世紀のディルタイに始まる。二十世紀に入ると、ハイデガーが解釈学を存在論的に展開し、このハイデガーの影響下で、ガダマーがテクスト理解のあり方に新たな光を与えている。三者の思想は一様ではないが、ガダマーにおいて一つの総合がみられると言ってもよい。

（2）ガダマー解釈学の立場からは、現実から遊離した「主観―客観」の関係図式を基底とする点で、啓蒙主義・ロマン主義・歴史主義の三者は一致すると言うことができる。

（3）Victoria, Brian, *Zen at War*, New York: Weatherhill, 1997, p.193. 同書には第一版と第二版があり、引用した「エピローグ」は第一版のものである。なお、同書の邦訳として、エィミー・ルィーズ・ツジモト訳『禅と戦争 禅仏教は戦争に協力したか』（光人社、二〇〇一年）がある。この邦訳は、複数の研究者より誤訳の可能性を指摘されているが、今回、私が引用した箇所（邦訳では二八二頁）について言えば、意味の取り違えなど、本質的な問題はないように思われた。ただ、文法的な面から一部誤解を招く表現があり、一応、私自身の訳文を本文中に記すことにした。

（4）フリードリッヒ・ニーチェ『権力への意志（下）』原佑訳、ちくま学芸文庫、一九九三年、二一七頁。

（5）ハンス＝ゲオルク・ガダマー『真理と方法 Ⅱ』轡田收・巻田悦郎訳、法政大学出版局、二〇〇八年、四三六頁。

（6）同前、四七三頁。

（7）なお、この意識は、自分がいつもすでにある状況の意識であって、その状況を完全に解明することはできないとされる（同前、四七三頁）。
（8）同前、五二七頁。
（9）同前、五七六頁。
（10）高橋篤史『創価学会秘史』講談社、二〇一八年、一〇、一四頁。
（11）「創価学会秘史」の著者・高橋篤史氏に聞く（下）News Socra（二〇一八年四月二八日公開）https://socra.net/society/%e3%80%90%e7%b7%a8%e9%9b%86%e9%95%b7%e3%82%a4%e3%83%b3%e3%82%bf%e3%83%93%e3%83%a5%e3%83%bc%e3%80%91%e3%80%8c%e5%89%b5%e4%be%a1%e5%ad%a6%e4%bc%9a%e7%a7%98%e5%8f%b2%e3%80%8d%e3%81%ae%e8%91%97%e8%80%85-3/?r=1（二〇一九年二月四日閲覧）。このインタビューにおいて、高橋は、自分の知り合いや家族に学会員はいなかったが、二〇〇四年にYahoo!BBの個人情報が流出した事件を調べた際、創価学会関係者が示した書類が偽造防止用紙だったのを見て、「そこまで猜疑心の強い団体なのか」と驚いたと述べている。
　情報の信用性が問われる現代社会にあって、企業や各種団体が重要書類の偽造防止をはかるのは珍しいことではない。ところが、高橋は、創価学会関係者が偽造防止用紙を使ったことを、あたかも反社会的な行為であるかのごとく印象づけようとしている。このことは、同氏が創価学会の取材を初めて行う以前から、学会に対する否定的な心情を持っていたことを示唆して余りある。生来学会とは無関係だったという本人の発言とは裏腹に、高橋が反学会的な心情形成につながる人間関係を早くから持っていた可能性は十分にある。
（12）『池田大作と暴力団』（宝島社、二〇一二年）を参照。同書は創価学会批判の記事で埋め尽くされ、その「INTRODUCTION」に「本書は、池田大作が支配してきた創価学会の反社会性、日本社会への浸透ぶりを検証するために企画された」とあるように、学会叩きを目的とした、著しく偏った出版物である。この偏向書籍の共同執筆者の一人が、高橋篤史であった。高橋が書いたのは「謎の調査会社JTCに流れた公明党の〝政党交付金〟」と「池田大作なき後に残る『創価学会』の巨額資産を見積もる」の二本であり、本格調査を謳いつつも内容は醜聞記事の類いである。

(13)「創価学会『池田大作後継候補』を襲った怪文書騒動」(『FRIDAY』二〇一三年一〇月四日号、講談社、七八~七九頁)を参照。この記事の下隅に「取材・文/高橋篤史(ジャーナリスト)」とある。学会がらみの怪文書の存在を書き立てる内容であるが、怪文書の一部を枠囲みで掲載しながら、「怪文書は、6月1日と5日、東京・新宿のコンビニなどから、学会本部や地方会館に発信された」と具体的な配信の手順まで説明されている。高橋が、怪文書を仕掛けた側の人物から情報を得たであろうことは容易に想像できる。同記事の中に登場する「ある関係者」がそれなのかもしれない。いずれにせよ、高橋が取材を通じて創価学会本部と対立する勢力と人間関係を深め、反学会的な先入見を持って学会関連の記事を執筆していることは否定できないだろう。この『FRIDAY』の記事も、一見事実を紹介しているように見えて、「主流派」「腹心」「権力基盤」など学会内部の分裂を前提とする記述が目立ち、学会に対する著者の懐疑的な視線が感じられる。

(14) これらの資料の入手先について、高橋は『創価学会秘史』の出版後に行われたインタビューの中で次のように述べている。「それは取材先との関係でお話しするわけにはいきません。ニュースソースがわかれば、創価学会の場合、かなりの不利益を被ることになるのは容易に想像できます。関係する人が面倒なことに巻き込まれることは間違いありません」(「『創価学会秘史』の著者・高橋篤史氏に聞く〔上〕」News Socra(二〇一八年三月二三日公開)https://socra.net/society/%e3%80%90%e7%b7%a8%e9%9b%86%e9%95%b7%e3%82%a4%e3%83%b3%e3%82%bf%e3%83%93%e3%83%a5%e3%83%bc%e3%80%91%e3%80%8c%e5

%89%b5%e4%be%a1%e5%ad%a6%e4%bc%9a%e7%a7%98%e5%8f%b2%e3%80%8d%e3%81%ae%e8%91%97%e8%80%85/?r=1（二〇一九年二月四日閲覧）。この発言からわかるように、大量の資料のコピーを高橋に提供した人物は、学会本部の内部に通じていて、組織の許可なく戦前の創価教育学会に関する非公開の機密資料を横流ししている。正式に許可を取っていれば、情報を公開しても当然不利益を被ることはない。合法・非合法を問わず、これは創価学会側から見て背信行為であり、不利益を被ったのはむしろ学会のほうだろう。資料提供者は、紛れもなく現創価学会に対する批判者である。高橋は、そうした人物と深い関係を結び、戦時中の創価教育学会の活動を「事実」の名の下で批判するのである。

高橋が、学会批判者たちと、いかに濃密な人間関係を築いて言論活動を行っているか。その最たる例が、『創価学会秘史』の「エピローグ」の中に見出せる。高橋はそこで「ここに極秘の内部資料がある」とし、ある会社が創価学会に提出した十四ページにわたる企画書について語りながら、学会の歴史編纂のあり方を批判している（同書、二七九―二八〇頁）。事の真偽はさておき、離反者による意図的な情報漏洩を利用して一方的に創価学会の歴史観を批判するのは、少なくとも中立的な態度ではない。『創価学会秘史』は、一次資料を用いた歴史研究の体裁を取っている。だが、それと同時に、著者の偏向した態度が至るところに見てとれる書物でもある。それでも、資料上の事実が大事だと言う人がいるだろう。しかし、ガダマーが存在論的に分析したように、常にすでに先入見を持った人間が資料を解釈する以上、客観的な事実が明らかになることなどはない。同書で提示されているのは、ただ高橋の先入見が介在した資料の理解なのである。

ちなみに、創価学会側が戦前の機関誌等を非公開にしていたのは、日蓮仏法を信仰する者の戦時行動の解釈が非常に難しく、十分な説明なくしては一般社会の誤解を招きかねないからであろうと、筆者は推察する。そのことは、他ならぬ本章で解釈学的な問題として取り上げているとおりである。

(15) ガダマーは「認識を生産的にする正当な先入見というものも存在する」(前掲書、轡田・巻田訳『真理と方法 II』四四〇頁)と述べている。正当な先入見とは認識を生産的にするものだと言う。牧口会長の仏教的テクストについて言えば、日蓮仏法の伝統の中で形成される先入見が、その認識を生産的にする正当なものとなり得るであろう。

(16) 同前、五五七頁。

(17) 本章で取り上げたB・ヴィクトリアや高橋篤史は、牧口会長のテクストを戦争協力のイデオロギーという観点から批判的に論じている。ガダマー解釈学において、「批判」の契機は「地平の融合」のうちにあらわれている。とはいえ、そこには社会科学的な問題意識が欠落している。この点を指摘し、ガダマーを批判したのはドイツの社会哲学者J・ハーバーマスであった。

それゆえ、ヴィクトリアや高橋の主張を検討する際に、ハーバーマスのガダマー批判も考慮に入れるべきかもしれない。しかしながら、本章の主たる論点は歴史解釈の正当性にある。議論の煩雑化を避けるためにも、ここではガダマーの解釈学のみを取り上げたことを断っておきたい。

(18) その意味で、本章における学問的認識と宗教的認識との対置は、理性的認識と信仰的認識との対立という古い図式を踏襲している。

(19)『日淳上人全集 上巻』日蓮正宗仏書刊行会、一九六〇年、二九六頁。

(20) 創価学会公式サイト「創価学会会憲」(https://www.sokanet.jp/info/kaiken.html)〔二〇二〇年七月一四日閲覧〕。

(21)「創価教育学会々長牧口常三郎に対する訊問調書抜萃」、『牧口常三郎全集』第一〇巻、第三文明社、一九八七年、二〇一~二〇二頁。

(22) 本文中の引用文にあるように、牧口会長は尋問調書の中で、過去の日本の歴史において為政者が『法華経』を見捨てたことによる「国難」があり、日中戦争や大東亜戦争もそうである、と述べている。ここから、牧口会長が日中戦争と大東亜戦争を「聖戦」でなく「国難」と捉えていたことがわかる。

(23) 牧口会長がこのような方策を取った背景要因については、拙著『平和をつくる宗教——日蓮仏法と創価学会』(第三文明社、二〇一四年)の第三章「牧口常三郎の戦争観とその実践的展開」の後半部分(同書、一三四〜一四二頁)で詳細に論じた。

(24) 第二次世界大戦中に日本の民衆が置かれた状況は、比較的平和な時代に生きる私たちのそれとはかなり異なっている。彼らは、危機的状況の中で自らの生存をかけて行動するしかなかった。この点を度外視して、日々安全な生活を送る現代の日本人が、しかも生活を離れた机上で戦時下の日本人の善悪を論じるのは、ガダマー流に言えば、現在と過去の地平融合を拒否することになろう。現代人は現在の歴史的地平に立ち、過去との時代の隔たりを認識しつつ、他者なる過去と出会わなければならない。

その意味から譬喩的な理解を試みると、戦時下の日本の民衆が置かれた状況は、あたかも村人が山奥で熊と遭遇し、生死をかけた戦いを余儀なくされたようなものだったろう。それは「倫理上の問題」というより「降ってわいた災難」である。自分と熊と、どちらかに非があるわけでもない。しかし、もはや互いに自らの生存をかけて戦うしかない。自分の側が勝つしかない。誰しも戦いのない世界を望むが、それと生存のために戦うことは別問題である。

一切の正義に先立つ生存——これは『創価教育学体系』の中で強調された生活の真理であった。「人間は誰でも生存しなければならぬ。生存するのが人間の運命であり、万人の等しく希望する所である」(「創価教育学体系第一巻」、『牧口常三郎全集』第五巻、第三文明社、一九八二年、六三頁)などと、そこにはある。

戦争指導者に善悪はあっても戦禍に巻き込まれた民衆の側に善悪はない。民衆にとって、戦争とは災難である。戦時下の民衆は、ただ生存を願っている。であるならば、そうした民衆の生存要求を肌身で感じた牧口会長が、戦争終結を願って戦勝を口にしたとしても、少しも怪しむに足りないだろう。もとよりそれは、「大東亜戦争の勝利」などといったイデオロギー次元の話ではなく、生存という生活の根源的要求に基づくのである。

(25) 資料上、創価教育学会の一部幹部には戦争協力的と受け取れる言動が見られる。牧口会長と彼らの間には、戦争に関する意識のズレがあったと考えざるを得ない。この点について、私は以前、教団の一次資料(『大善生活実証録』)に基づく考察を行い、「当時の学会行事の一部に好戦的なところがあるからと言って、直ちに創価教育学会が戦争協力の団体であったとは言い切れない」「会長の牧口は、宗教による戦争根絶を自己の信念とする一方で、戦時道徳にどっぷり浸かった会員たちを抱え、彼らをいかに教育的に誘導し自分と同じ心境に立たしめるかという課題を背負っていた」と結論づけた(拙著『日蓮仏教の社会思想的展開――近代日本の宗教的イデオロギー』東京大学出版会、二〇〇五年、二五六頁)。

ところが、高橋は『創価学会秘史』の中で、この私の見解を取り上げることなく、創価教育学会幹部の戦争協力的とも取れる発言の数々を紹介しながら、「当時の創価教育学会がますます戦争翼賛的な態度をとっていたことがありありと分かる」(同書、一七七頁)などと述べている。高橋はジャーナリストであって、学術研究者ではない。しかし、創価教育学会の歴史を明るみに出すと言うのなら、先行研究を踏まえて自説を述べるのが最低限のルールであろう。

(26) カール・バルト「啓示・教会・神学」、『カール・バルト著作集2』新教出版社、一九八九年、二七四頁。

第四章

創価学会・公明党の平和主義

――その行動原理

「平和主義を掲げる創価学会は、なぜはっきりと戦争への動きに反対しないのか」――先に成立した安保関連法案（＝二〇一五年九月十九日成立）をめぐって、いまだに国論が二分する中、疑問の声が同会の内外から聞こえてくる。問い自体は新しいようで古い。「歴史は繰り返す」である。

第二次世界大戦の時、創価学会の前身である創価教育学会は軍国主義に抵抗して弾圧された。ただし、資料を見る限り、直接に戦争反対の声は上げていない。この点が今も議論を呼んでいる。

戦後、ベトナム戦争が起きると、当時の池田大作会長は青年部の総会で即時停戦を提言した。ただし、この戦争に対する政治的な判断は個々の会員に委《ゆだ》ねられた。すでにアメリカにも多くの創価学会員がいたが、反戦デモや兵役拒否を企《くわだ》てる者、平和を願いつつ出征する者など様々だったという。こうした状況は、先のアフガン戦争やイラク戦争の時も基本的に変わっていない。そして本年（＝二〇一五年）、学会は日本国内で安保法制の問題に直面した。

創価学会の平和主義は、どちらかと言えば政治的な闘争運動に踏み込もうとしない。また、創価学会と公明党では政治的態度に違いも見られる。

創価学会・公明党の行動原理はいったい何なのか。この点を読み解いてみよう。

1　創価学会――「立正」の行動原理

創価学会の行動原理は「立正」にある。「立正」とは正しい仏法を世に立てることだ。創価学会が信奉する鎌倉時代の仏教僧・日蓮は、立正による国家の安穏、いわゆる「立正安国」を唱えた。創価学会もまた、立正による平和社会の実現を目指す。

正しい仏法を世に弘める以外に戦争を根絶する方法はない――これは創価学会に一貫して見られる固い信念である。

戦時中、軍部政府の「滅私奉公」論や宗教政策を批判し、逮捕され死に追いやられた初代会長の牧口常三郎は、獄中の供述でこう述べている。「一天四海帰妙法の国家社会が具現すれば、戦争飢饉疫病等の天災地変より免れ得るのみならず、日常に於《お》ける各人の生活も極めて安穏な幸福が到来するのでありまして之《こ》れが究極の希望であります」(1)。特高刑事による訊問《じんもん》の中、衰弱した老体をおして、牧口は「妙法」の社会的実現＝立正による戦争の根絶が「究極の希望」であると訴えた。

立正による恒久平和の実現という牧口の悲願は、今日の創価学会にそのまま受け継がれている。池田大作の主著である『新・人間革命』には「遠い道のりのように思えても、広宣流布の推進こそが、最も確かで、本質的な平和への道ということになる」(2)と記される。「広宣流布」とは仏法を広く伝えることで、要するに立正の実践である。立正は、かくして創価学会の平和主義における最も重要な行動原理となっている。

ならば、社会的、政治的な反戦平和運動はどうなのか。創価学会では、これも肯定的に評価している。だから、広島や長崎で平和集会を開催したり、戦争体験者の証言を集めた百巻を超《こ》える反戦出版を企画したり、核廃絶に向けた国際的な展示や署名運動を行ったりと、学会は様々に反戦平和運動を展開してきた。

しかしながら、今回の安保法制に対する一連の反対運動については、教団として肯定も否定もしていない。これには相応の理由がある。立正の行動原理から言って必然的にそうなるのだ。二つの観点から説明する。

存在論的な理念の平和主義

まず、創価学会の平和主義が存在論的である点が重要になる。創価学会の仏教信仰は、硬直した善悪の対立図式を嫌う。善人の心にも悪があり、悪人の心にも善がある。そう見るから、学会員による平和の実践は立場を選ばない。善も悪もひっくるめて善化しようとする。学会員としては、与党の議員であっても、野党の関係者であっても、自衛隊員であっても、民間の平和運動家であっても、別に構わない。ただ自分たちの存在を通じて正しい仏法を顕現していけば、崩れぬ平和を実現できる。そういう信念なのだ。

筆者は今（＝二〇一五年）、作家の佐藤優と対談を行っているが[3]、創価学会の平和主義を「存在論的平和主義」と呼ぶことで意見が一致した。これは、仏法者である学会員の存在自体が「見えない」反戦になるという思想だ。平たく言えば、存在論的平和主義は「感化の平和主義」である。われわれは、想像以上に周りの人から影響を受けて自分の考えをつくる。特に、好きな人、尊敬する人からは大きな影響を受ける。感化の力は想像以上に大きい。人の人生を根本から変える力がある。だから、自民党にも、防衛大学にも、軍需産業にも、周囲を平和に導く感化力を持った学会員がいたほうがいい。存在論的平和主義とは、そんな考え方だ。

どんなところにも学会員が存在すること、それがすなわち立正の現実化に他ならない。あらゆる分野に学会員が存在することが恒久平和の道とされるから、創価学会が安保法制の議論で特定の立場を表明しないのは当然である。学会が公明党を支持するのは、一つには与党内でも存在論的な平和運動を期待するからだ。自衛隊をどう捉えるか、という問題についても同じだろう。かりに創価学会が公式に自衛隊を批判したら、国防組織の中で平和の心を広げている学会員の自衛隊員はどうなるのか。存在論的平和主義は、誰に対しても「今ここ」での平和の実践を求める。それ自体は「立場なき立場」なのである。

宗教で社会を救う仏法優先の原理

次に、創価学会の平和主義には「仏法優先原理」があることを知る必要がある。創価学会員にとって、仏法とは反戦の究極である。社会的、政治的な反戦も大事だが、仏法の前では相対化される。反戦平和の運動自体は尊くても、もし仏法の実践を妨《さまた》げるようなら――すなわち政治の中心から仏法者が排除されることになるなら――かえって根源的な平和主義に背《そむ》くと考える。これが仏法優先原理である。学会が他党よりも公明党を支持し続ける最大の理由は、まさに仏法優先原理にある。

仏法優先原理などと聞くと、一般人の目には独善に映るかもしれない。筆者もあえてそれを否定しない。しかし、創価学会が仏法を反戦の究極とするゆえんは、仏法で「戦争への運命」さえ変えられると信じているからだ。つまり、立正の行動原理は人智を超えた運命の次元に立つ。この点は押さえておく必要があろう。

集団的自衛権を認めない場合でも、他国の軍隊が一方的に日本を攻撃してくれば、個別的自衛権による戦争が起きる。憲法九条で戦争放棄を謳《うた》っていても、戦争に巻き込まれることはある。すべての戦争に反対する者は、どうしても戦争への運命と対峙《たいじ》せざるを得ない。

先の大戦中、多くの善良な市民が徴兵され、戦地に送られて尊い命を落とした。なぜそうなったのか。前代未聞の世界大戦が起きたからだ。では、なぜ世界大戦の時期に生まれ合わせたのか。これは運命としか言いようがない。彼らは「戦争への運命」を背負ってこの世に生まれ、戦地に赴《おもむ》いたとも言える。仏教の業《ごう》論では、われわれの運命を自業自得すなわち自己責任として捉える。自分の体を傷つけると痛い。同じように、他人の体を傷つけると、いつか自分自身に痛みの報《むく》いがくる。自分と他人を存在論的に一体と捉え、前世の行為の報いを現世で受けるとするのが仏教の因果論だ。前世の悪業《あくごう》の報いを受け、現世で暴力を受ける運命の人もいる。そして、日蓮によれば、宇宙根源の真理である仏法への背反《はいはん》（謗法《ほうぼう》）こそ根本的な悪業であり、兵士となって戦争に駆り出されるのは前世の仏法背反が根本原因だという。

戦時下にあって、創価教育学会の牧口会長は、道理を無視した軍部政府の暴走を深く憂《うれ》えていた。だが、より根源的には、戦争に巻き込まれる個々人の運命の問題があると考えた。牧口は出征する学会員に対し、兵士となるのは前世の仏法背反の報いであると教え、仏法信受による運命の転換を指導している。創価教育学会は戦争に反対しなかったのではない。最も根源的な反戦を行うには国家の指導階層を宗教的に説得するしかない。そのため、あえて政治的反戦を控えたのだ。創価学会の平和主義に独特な仏法優先原理の実例がここにある。

少し角度を変えてみよう。戦争へ向かう運命は、われわれ日本人の心性にも巣くっている。日本の軍事的独立を望む勢力は、一定の広がりを持って社会に根を張っている。それは、七十年前の敗戦によって国家解体を余儀なくされた屈辱の歴史に端を発する。戦後の日本は、急速に経済的独立を果たした。その次に求められてくるのが政治的独立、軍事的独立だ。二十世紀末からの右傾化の流れには歴史的な根っこがある。今回の集団的自衛権の問題も安倍首相個人の心情だけでは片付けられない。

仏典に、釈迦《しゃか》の一族が滅ぼされた因縁を説くものがある。それによれば、釈迦族が隣国に滅ぼされたのは、かつて隣国が釈迦族から王妃を迎えようとした際、偽って身分の低い女性を与えたことに起因するという。憎しみの連鎖によって、戦争は運命的に起きる。あのＩＳ（イスラム国）の蛮行にも、イスラームとキリスト教の間の血なまぐさい闘争の歴史が色濃く映し出されていよう。

現在の日本は、歴史的な力に押されて右傾化の道をたどろうとしている。安倍政権が倒れても、別の政権が軍事的強化をはかる可能性は高い。かたや国際社会の側も、紛争や戦争の火種を常に抱えている。戦争は、いつも平和への願いをあざ笑うかのごとく起きる。戦争を運命の次元で根絶するには仏法しかない。創価学会では、その信念から宗教的反戦を第一義とする。社会的、政治的な反戦運動は、宗教的反戦との関係において取捨選択される。反戦平和の運動は尊いが、創価学会の組織的団結を乱すようなら、最も大事な宗教的反戦の妨げとなりかねない。

要するに、創価学会は立正の行動原理を持ち、何よりも宗教で国を平和にしようとする仏教教団と言えよう。よく「創価学会は社会正義よりも教団を護《まも》ることを優先している」などと非難する人がいる。宗教の論理を社会の論理で裁断するようでは、議論が嚙《か》み合わない。一般人は宗教を社会の一部と見なすが、宗教者はむしろ社会を宗教の一部と見る。後者は、宗教を護ってこそ社会が本当に善くなると考える。創価学会が教団の維持発展を最優先するのは、宗教の論理から言えば普通の行動だ。

「宗教で社会を救う」という宗教者の心意気は、一般には理解されにくい。難民支援や環境保護など社会倫理的な実践に熱心な宗教は評価されても、信仰そのものの力で社会を変えようとする宗教は黙殺されがちである。現代の世俗化社会の価値観に合わないからだが、宗教と社会の関係を考えるうえで、宗教の論理に鈍感な「宗教音痴」は克服されるべきだろう。私見を述べると、福祉活動などは別に宗教者でなくてもできる。宗教者の本分は、宗教によって人を救うことだ。

宗教本来の実践よりも副次的な社会活動のほうが評価される風潮には疑問がある。信仰によって人間性や生活態度がどのように変わるのか——例えば、そのような視点から宗教の社会的意義を論じる動きが、もっとあってもよい。ともかく、宗教の根本論理は「宗教で社会を救う」である。

ある面で、宗教の論理は、政治の論理と似たところもある。どちらも理念によって社会を変えようとするからだ。政治家が党利党略のために動くと非難される。だが、党利党略自体が悪いとは言えない。その政党の理念が素晴らしければ、党利党略こそ正義の行動となる。真の問題は、政治家が理念達成のために動いているのか、それとも私利私欲で動いているのか、この点にあろう。宗教者が教団の利益を基準に行動することについても、同じ問いを発するべきだ。特定の教団の利益をはかる行動に見えても、それが宗教の社会的使命を果たす意志に貫かれている限り、宗教の論理として尊重されてよい。

しかも創価学会の場合、あらゆる理念を生み出す人間の生命を〈大理念〉としている。あらゆる理念が生命から生まれたとすれば、創価学会の生命理念にとって排斥すべきものは何もない。自由主義であれ、社会主義であれ、共産主義であれ、生命理念の立場から生かすべきイデオロギーとなる。創価学会は自己保身のために種々の勢力と合従連衡《がっしょうれんこう》を繰り返している、と批判する人たちがいる。しかし、学会の内部論理によれば、そうではない。学会は、一切の生みの親である人間の生命を信奉するから、左右両勢力と協調できる。そのうえで、自らの生命理念の社会的実現のために、創価学会という教団の利益を基準に動くわけだ。

博識の言論人にして敬虔《けいけん》なクリスチャンでもある前出の佐藤優は、創価学会の動向を決する宗教の論理を正当に評価し得た一人である。氏は語る。「SGI（＝創価学会インタナショナル）という組織を防衛し存続・発展させることが、自分たちのレゾンデートル（存在意義）であり、そうすることが、平和主義につながるという、存在論的な理念――これが創価学会の『平和主義』の強さであり、私が、その『平和主義』を本物だと考える根拠である」(4)。真実の護教は本物の平和主義に通じる。佐藤は、宗教ならではの平和の論理を誤りなく捉えている。

立正の行動原理に基づき、第一に教団の発展によって仏法を世に弘め、社会的、政治的な平和活動も視野に入れつつ、この世から戦争を根絶しようとする。創価学会の等身大の平和主義とはそのようなものだ。

2　公明党――「知恵」の行動原理

宗教的な国民政党

さて、公明党の平和主義に議論を移そう。核心に触れる前に、はっきりさせておきたい事項がある。公明党は宗教政党か、国民政党か。真実はどちらでもある。

一九六四年十一月、公明党は創価学会の池田会長を創設者として結党された。「結党宣言」には「仏法の絶対平和思想、すなわち王仏冥合《おうぶつみょうごう》の大理念のみが、世界を戦争の恐怖から救いうる唯一の道なりと、われわれは強く確信する」(5)と述べられている。「王仏冥合」は政治と仏法の倫理的な結合を意味し、その慈悲の政治によってのみ戦争を根絶できるとする。日蓮仏法の政治理念を掲げる宗教政党として、公明党は政界に船出した。

と同時に、公明党には結党当初から、宗派性を脱して広く国民政党たらんとの自負もあった。結党時に発表された「綱領」の第三の項目は、次のようなものである。

> 三、新しい政党は、現代社会のあらゆる階層のいっさいの民衆を包含しうる、大衆政党でなければならない。わが公明党は、国民大衆のなかに仏法民主主義、すなわち人間性尊重を基調とした真実の民主主義の基盤をつくり、大衆とともに前進する真実の大衆政党である。言論、思想、信仰の自由など、基本的人権を尊重するのはとうぜんである。われわれは、大衆とともに語り、大衆のために戦い、大衆のなかに死んでいくことを誓うものである。(6)

全民衆に開かれ、信教の自由を含む基本的人権を尊重する大衆政党を目指す。これもまた、公明党の重要な立党の精神であった。大衆政党の「大衆」は労働者階級に限定されるように思えるが、実際には階級的利害を離れた国民一般を指す。資本家階級と労働者階級が対立する日本の政治状況を打破し、国民的利害を代表する第三の政治勢力をつくる。公明党の結党には、そんな国民政党樹立への意図が込められていた。

公明党は、結党時から宗教政党と国民政党という二つの顔を持ち、今日に至っている。要するに、宗教的な国民政党だ。ドイツのメルケル現首相が党首を務めるキリスト教民主同盟がキリスト教の立場から民主主義の堅持を標榜《ひょうぼう》するように、公明党は仏教の立場から「人間性尊重を基調とした真実の民主主義」の確立を唱え、宗教的な国民政党として五十年の時を刻んできた。

およそ政党が包括的・一般的な利益を対象とする以上、宗教的な国民政党は自らの教義や信条を一般化しなければならない。公明党も、そのルールは守っている。例えば、仏教の戒律をそのまま法令化しようとするなら問題だが、公明党は戒律の精神を「平和」「福祉」の理念として一般化し、全国民が共有できるものにしている。

「人間主義」は人類的理念

また、党の創立者である池田に関しても、傑出した宗教家でなく世界的な人間主義者として高く評価する。池田は、万人が仏であるという大乗仏教の思想に基づき、「人間主義」を長らく提唱してきた。一九六〇年に三十二歳の若さで創価学会の会長となった直後、すでに池田は「生命なくして、経済も、教育も、科学も、政治もありません」「根本はぜんぶ人間です。生命です」と語っている。(7)

人間の生命を政治・経済・文化・科学等の根本に置く思想――それが池田の言う人間主義である。政治体制や経済体制、あるいは科学文明のために、それらの生みの親である人間の生命が抑圧され、犠牲になる。そうした理不尽が世界中でまかり通っている。ドイツの社会哲学者アドルノが指摘したように、文明の野蛮化は近現代の社会に顕著な病である。池田は、その根本病理を生命に対する理性の反逆と洞察した。そして、現代文明の倒錯を正すべく、世界各国で生命復興、人間復興の運動を推進してきた。旧ソ連のゴルバチョフ大統領、歴史家のA・トインビー、経済学者のガルブレイス等、各界の識者が人間主義の理念に共鳴し、池田と対談集を編んでいる。池田が創価学会の指導者であることから、日本国内では人間主義の思想運動を布教の手段ぐらいにしか見ない人が多い。だが、筆者の知る限り、池田が新しい思想の地平を切り開いたとの認識は、海外で着実に広まりつつある。

池田の人間主義が人類にとって普遍的な価値を有するのならば、公明党が人間主義者としての氏を擁護するのは政教一致でも何でもない。民主主義者がリンカーンを愛し、共産主義者がマルクスから出発するのと同じことで、人類的理念の提唱者への支持と見てよいはずだ。

「すべてを生かす」政治行動

公明党の平和主義とは何か、という本題に、ここで立ち戻ろう。創価学会の平和主義の行動原理は立正であった。公明党もそれを共有することは、「結党宣言」に「仏法の絶対平和思想」とあるのを見てもわかる。しかしながら、宗教的な国民政党として、公明党は立正の行動原理を一般化する。「正しい仏法を立てて平和をもたらす」という宗教上の行動原理を、「知恵を尽くして平和をつくる」という倫理的な行動原理に一般化している。公明党の平和主義は「知恵」の行動原理に基づく。筆者はそう見ている。

仏教を開いた釈迦は、悟りを得るためには何ものにも執着するな、と教えた。「好き」だけでなく「嫌い」も執着の心だろう。すると、あらゆる事物について悪い面を正し、良い面を伸ばすという態度になる。いわば「すべてを生かす」である。仏法は「すべてを生かしていく蘇生の宗教」だと、池田も力説する。

仏法は「すべてを生かす」働きをともなう。仏教用語で言うと、慈悲と知恵の力である。ともに倫理的な概念だから、ここに仏法を一般化する方途が開けてくる。慈悲と知恵は一体の関係にあるが、複雑な利害を調整する技術が求められる現代の政党にとって、とりわけ重要なのは知恵だろう。公明党の行動原理は、仏法の一般化としての知恵にある。そう定義したい。

実際、公明党の政治行動は、知恵の原理に照らして初めてよく理解される。公明党は中道路線を掲げるが、この中道は両極に偏《かたよ》らない、いわゆる政治的なセンターを意味するのではない。むしろ偏ろうが偏るまいが自由であり、自在な知恵の力で右も左も生かそうとする主義である。その意味で、公明党の中道主義はイデオロギーではない。脱イデオロギー的に、すべてを生かす知恵を政治的な原理としている。

知恵の原理はまた、池田が提唱する人間主義からも導かれる。特定のイデオロギーと対立するのでなく、あらゆるイデオロギーを生み出した人間の生命に立ち返ろうとするのが人間主義である。すべては生命から生じたもののゆえに、人間主義の立場から生かして使えば、どんなイデオロギーでも健全に機能するはずだ、大事なのはイデオロギーを健全に生かす知恵の努力だ、公明党の立ち位置はそうしたところにある。公明党が追求するのは、生命に奉仕する知恵の政治技術である。

日和見《ひよりみ》、ご都合主義、コウモリ体質など、これまで公明党の政治的スタンスは時に揶揄《やゆ》され、批判の的となってきた。公明党の政治行動に内在する知恵の原理を、一般の言論人はもとより当の公明党関係者もはっきり自覚できていなかったのかもしれない。そこに、誤解が誤解を生むゆえんがあった。脱イデオロギー的、人間主義的にすべてを生かす――この知恵の原理は、政治的責任に柔軟に対応するとともに、多様性や生命の尊重という確固たる価値観も有する。本来は無定見でも非倫理的でもない政治原理である。

とはいえ、右にも左にも入り込む公明党の知恵の原理が、表面上、無定見に見えるのは致し方ないことかもしれない。今回の安保法制の問題でも、それが浮き彫りとなった。知恵の原理に立脚する公明党の平和主義は、どのような政治的立場も生かして使う。そのため、どちらかと言えば対決よりも説得のアプローチを好む。対決型の政治は派手だが、説得型の政治は地味だ。わかりやすい対決型、もっと言えば劇場型の政治を好む現代人には、どうにも受けが悪い。

日蓮も北条幕府を「説得」

さらに、公明党支持者の創価学会員の間でも、説得型の平和主義に不満を持つ人たちがいる。日蓮の対決的な折伏のイメージを政治の次元に重ね合わせ、「与党の中で歯止めなどと言わず、もっとはっきり反対の姿勢を取るべきだ」と考える向きだ。これも誤解である。日蓮は、仏教上の敵と対決しても、政治的な悪は説得した。仏教上の誤りは仏法を破壊するから戦うしかないが、政治的な誤りはすべてを生かす知恵で善導すべきとした。日蓮が北条幕府を「諫言《かんげん》」したのは説得型の平和主義である。政治の世界で平和をつくる日蓮信仰者は、知恵を使って為政者を説得しなければならない。政権与党の中で安保関連法案の戦争法案化に歯止めをかけようとする現在の公明党は、少なくとも説得型のスタイルにおいて日蓮の精神に準拠している。

論ずべきことは他にも多々あるが、紙数の関係で結論を述べる。創価学会の平和主義は「立正」の行動原理に立ち、職業や立場を問わず誰でも実践できる存在論的平和主義にその特色がある。政治的、社会的な反戦運動も支持するが、根源的な宗教的反戦を妨げる場合は用いない。水道の蛇口は大切だが、蛇口よりも元栓のほうが大事だ。これと同じで、社会運動よりも社会現象の大本とされる仏法を優先するのが、学会の平和主義である。

かたや公明党の平和主義は、「立正」という仏法の教義を「知恵」として一般化し、行動原理とする。知恵の行動原理は、人間生命への忠誠を基本に左右のイデオロギーを生かし、健全に機能させようと努める。それを通じ、与党にいようが野党にいようが、いかなる状況下でも平和をつくり出そうとする。

安保法制の問題で創価学会が公明党を支持したのは、学会の平和主義が存在論的で、かつ仏法優先原理を有するからだ。公明党は与党の中に「存在」し、仏法の理念を尊重している。むろん、党の政策は常に政治的でなくてはならない。仏法の理念を政策の知恵に変える。そこに公明党の平和主義の真骨頂がある。

教団の草創期に絶対平和主義を唱えたキリスト教は、ローマ帝国で国教化されると「軍隊をどう捉えるか」という問題に直面した。その結果、アウグスティヌスの正戦論のように、現実に対して責任を負う倫理が生み出された。二十一世紀に入り、創価学会が支持する公明党も、政権与党の中にいる時期が長くなった。公明党の平和主義は、古代キリスト教がそうだったように、心情倫理から責任倫理へと脱皮する苦しみの渦中にあるのではないか。そのような視点から、筆者は今後も公明党の平和主義を見つめていきたい。

注

（1）「創価教育学会々長牧口常三郎に対する訊問調書抜萃」、『牧口常三郎全集』第一〇巻、第三文明社、一九八七年、二〇二頁。
（2）池田大作『新・人間革命』第一一巻、聖教新聞社、二〇〇二年、三〇二頁。
（3）佐藤優・松岡幹夫『創価学会を語る』第三文明社、二〇一五年として刊行。
（4）佐藤優『創価学会と平和主義』朝日新書、二〇一四年、一七二頁。
（5）国政問題調査会編『日本の政治　近代政党史』政策問題調査会、一九九八年、四六六頁。
（6）同前、四六七頁。
（7）池田大作『会長講演集』第一巻、創価学会、一九六一年、九二頁。

第二部
非暴力と死生観

第五章

東洋思想と地球文明——東洋の対話を世界に

1　対話における西と東

あらゆる領域で、グローバル化が急速に進行している。日本の国際化が叫ばれて久しいが、私たちは、もはや異文化が交流し合う「国際社会」でなく、同一の地球環境を舞台とする「地球社会」に生きていると言ったほうがよい。

この地球社会は今、まさしく「地球文明」を生み出しつつある。音楽や映画の流行はほぼ世界同時進行であるし、大衆生活と結びついた外食産業の世界企業化も著《いちじる》しい。各国の政治と経済は、世界的なトレンドに大きく左右される。地域文明の個性は、こうした地球文明の伸長によって影が薄くなるばかりである。

新しい地球文明は、目下のところ、西洋文明、なかんずくアメリカ文明が主導する形を取っている。むろん、それが世界のアメリカ化であってよいはずはない。当のアメリカ人でさえ、良心的で教養ある人々は多様な文化が共存する世界を望んでいよう。そのためには、文化間の相互理解が不可欠となる。具体的には、異なる文化的背景を持つ人々が積極的に交流し、対話を通じて文化の多様性が尊重された地球文明を形成しゆく努力が求められている。近年、SNSの世界的浸透が、情報分野における世界の一元化を成し遂げようとしている。異文化の交流は、このような科学技術の進展にも後押しされ、加速度的に歩みを早めつつあるように見える。

しかしながら、コミュニケーションにおいて最も重要な力を持つのは、今でも対面による人間と人間の対話であろう。対話には、SNSにない非言語的なコミュニケーションがある。そこで、問題になるのが対話のあり方である。いささか乱暴な言い方になるが、西洋の対話は進歩主義的であり、他者との対立を恐れず、最終的に対立を止揚して統一を求める点では弁証法的でもある。このような対話は、多様なものを普遍化して統一するには極めて有効な手法と言える。だが、今の人類に最も必要なのは、多様なものを多様なままに調和させるような対話であろう。それはむしろ、東洋の伝統において多く見出《みいだ》される。東洋の対話は一般に人間主義的で、他者への共感に満ち、すべてを生かす中に全体の調和をもたらそうとする傾向が強い。統一を求める西洋の対話に、調和をはかる東洋の対話が絡み合ってこそ、人類が「多様性における統一」へと向かう確実な力となりうるのではないだろうか。

本章では、この観点から、西洋的な対話のあり方に比べると、十分に認識されているとは言い難い東洋的な対話の精神について、少しく述べることにする。

2 人間主義の対話

東洋（＝アジア）の文明において、対話はどのように意義づけられるのか。紙数の関係上、ここでは仏教と儒教を中心に考えてみよう。

自然に対抗する砂漠の民、あるいは自然を支配しようとした古代ギリシャ人等によって育《はぐく》まれてきた西洋文明において「個の思考」「区別の思考」が顕著であるとすれば、森林に囲まれ、自然を受け入れて暮らしてきた人々の間で発達した東洋の文明には「全体の思考」「調和の思考」が根強いように思われる。前者では、人間をどこまでも個別的なものと考え、世界の根源にも人間とは区別された何かを想定することが多い。いきおい哲学的な対話は、個としての人間の限界を理性的に論じ、人間を超《こ》えた理想を追い求める傾向を帯びてくる。

これに対し、後者の東洋文明では、人間が思索の末の直観によって世界全体の本質を把握できるとし、根源的な実在も人間から離れたものではないとする考え方が支配的である。すると哲学的な対話は、人間存在の全体性（宇宙性）を認めつつ、人間的な現実の調和をはかる方向へと向かう。かくて東洋では、人間を超えた理想をめぐって討論する姿勢などよりも、人間を中心に置いて人生や社会を考えていくという「人間主義の対話」の精神が古くから息づいている。

古代インドのウパニシャッドの哲人たちは、師弟や親子の問答・対話を通じて教えを語ることが多かったという。そうした哲人たちの時代に、仏教の創唱者・釈尊が登場したわけであるが、彼は、まさしく人間対人間の対話に徹するヒューマニストであった。聖職者であれ、国王であれ、奴隷であれ、誰もが平等に抱えている人間の苦しみ――生老病死の四苦――に根源的な問いを投げかけ、やがて世界の真実に目覚めた一個の人間・釈尊は、終生悩める人々の間でそれを語り続けた。対話の足跡は、後に膨大な量の仏典となり、数千年の時を超えて今に伝えられている。一切の社会的な身分や立場を捨て去った、赤裸々な人間と人間とが真実の生き方を語り合う。これが、釈尊が身をもって示した人間主義の対話のあり方だった。

人間主義の対話においては、いかなる人も友として平等に遇される。釈尊は、古代インドの厳しいカースト制度の下に生きながら、平等な出家教団を組織した。そして弟子たちに〝わたしを善き友とせよ〟と呼びかけ、〝善き友を持つことが修行のすべてである〟と説き示した（相応部経典）。釈尊は、出家の弟子たちだけでなく、赤裸々な庶民、例えば鍛冶工や遊女などとも進んで対話を行っている。使った言葉は、マガダ語系の俗語（プラークリット）であった。釈尊の教団で繰り広げられた幾多の対話は、人間主義に基づく友と友との交流に他ならない。

インドの仏教と同じく、中国に生まれた儒教も人間主義の対話を重んじる思想であった。「子、怪力乱神を語らず(1)」と『論語』にあるごとく、孔子は、人智を超えた領域の議論に力を入れず、常に水平な目線で、現実世界における人間のあり方を論じ続けた。そこには当然、対話と友情の花が咲く。

『論語』とは文字どおり「論じ語る」書であり、冒頭部分に有名な「朋《とも》あり、遠方より来たる、亦《ま》た楽しからずや(2)」との言葉が見られる。孔子と弟子たち、孔子と当時の人々、あるいは孔子の弟子たち同士が、様々に語り合った内容を収めた、まさに対話と友情の書が『論語』である。対話主義は、儒家の善き伝統となっている。『論語』と並び称される『孟子』なども、王と孟子、あるいは孟子と弟子との問答・対話という形式をとる。

3 共感の対話

このような人間主義の対話は、現実には、他者への強い共感に支えられていよう。「自己を愛する人は、他人を害してはならない」(3)(『サンユッタ・ニカーヤ』)と、釈尊はコーサラ国の王に説いた。孔子も「己《おの》れの欲せざる所は人に施すこと勿《な》かれ」(4)と述べ、「恕《じょ》(思いやり)」の精神を弟子に教えた。どんな人でも自分と同じ人間である。そう心から実感した時、われわれは他者の喜びや苦しみに共感する。ここに、相手の立場を自分に置き換え、こよなく尊重していく共感の対話が生まれると言ってよい。

釈尊の言動には、人々の様々な心情に対する深い共感がうかがわれる。釈尊は、時には貧女の布施の真心を最大限に称賛し、またある時には孤独な病気の修行僧を親身になって励ましながら体を洗ってやったという。そうかと思うと、慢心に高ぶるバラモンの心を鋭く感じ取り、尊敬の心を持つことの大切さを諄々《じゅんじゅん》と説き、最後にはそのバラモンの帰依《きえ》を受けたことが伝えられている。

孔子の振る舞いも、これと同じであった。目の不自由な人が来ればその人の身になって丁寧に周囲の状況を説明し、難病に倒れた愛弟子《まなでし》を見舞ってはわがことのごとく嘆きの言葉を発した。また『礼記』によると、孔子はある時、虎によって肉親を次々と殺され、号泣する婦人と会って対話した。婦人が言うには、それほど危険な土地でも過酷な税金がないから離れられないのだという。それを聞いた孔子は、婦人の境遇に同情するとともに、弟子たちに対し、苛政《かせい》は虎よりも甚《はなは》だしい害を生むことを覚えておくように述べたとされる。

このように、人間主義に立った共感の対話は、必然的に弱者をいたわり、悪を正し、不正を憎むという社会正義の実践となる。

4 すべてを生かす対話

したがって、東洋に見られる人間主義の対話は、何よりも全民衆の幸福を第一義とするところに特徴がある。仏教者や儒学者は「調和」「共生」「共存共栄」などの社会理想を掲げ、万民が喜び栄える政治を強く望んできた。彼らにとって、世界の真理を追究するための対話は、同時に全民衆の幸福のための対話でもあった。

釈尊が生涯にわたって多くの人々と対話を続けたのは、ただ自分の悟りを他人に伝えたかったからではない。「一切の生きとし生けるものは、幸福であれ、安穏であれ、安楽であれ」[5]（『スッタニパータ』）との切なる願いこそが、釈尊を対話に次ぐ対話の戦いへと向かわせた原動力であった。釈尊は、死の床にあってもバラモンの苦行者（スバッダ）の要望を受け入れて対話し、仏教に帰依させたといわれる。

一方、儒教には真理と民衆を一体視する思想がある。孟子は、永遠なる「天」と広大なる「民」

とを一体不二のものと考えた。そして天命を受けた政治家は、真の王者として生を養い、死を喪《そう》し、富国強兵よりも民生の安定を第一としなければならないとした。いわゆる「王道政治」であるが、孟子は諸国を遊説しては、この理想を説いて回った。

こうして釈尊も孟子も、全民衆の幸福のため、いわば「すべてを生かす対話」の戦いに生涯をかけたのである。

なお、すべてを生かす対話は、当然、相手を生かそうとする対話でもある。また、孔子は「我れ三人行なえば必らず我が師を得《う》。其の善き者を択《えら》びてこれに従う。其の善からざる者にしてこれを改む（わたくしは三人で行動したら、きっとそこに自分の師をみつける。善い人を選んでそれに見ならい、善くない人にはその善くないことを〔わが身について〕直すからだ）」[6]と『論語』で述べている。彼は、あらゆる知識を重んじ、あらゆる人々から学び、すべてを自身の糧《かて》にしようとした柔軟な智者であった。

理性的な人々が主張する「正論」なるものは、ともすれば硬直的になり、正義の名の下に自説に合わない相手の意見を切り捨てがちである。自分の意見と他人の意見を区別し、他人を自分に従わせようとする考え方は、それが理性的である限り進歩的かもしれないが、他方で人間的な温かみに欠ける。筆者はこれを「対立の論理」と呼ぶ。その点、東洋の人間主義者は「自在の論理」に生きている。相手の主張を自在に生かすことを第一に心がけ、他者を通じて自分自身を語ろうとする。自由自在の智慧《ちえ》を駆使する仏教者の対話においては、相手の人生観や信念が、いつしか仏法の光を放ち始めることがよくある。智慧の仏教者との対話を通じ、世の識者たちの卓抜なる見識がことごとく仏法と溶け合い、新たな思想の生命を得ていくのである。多文化的な世界に調和をもたらすための対話は、そのように自在な智慧を駆使する者によって先導される必要があろう。

おわりに

「人を存《み》るには、眸子《ぼうし》より良きは莫《な》し（人間を観察するには、瞳がいちばんいい）(7)」とは孟子の言である。また、老子は「知る者は言わず、言う者は知らず(8)」と教える。言葉にすればするほど、本当の真理からは遠ざかるのだという。なるほど言葉によって、真実や真理それ自体を顕《あらわ》すことはできない。けれども言葉がなければ、人間同士の納得もない。それゆえ東洋の賢者たちは、あくまで人格と人格とが触れ合う対話の場で、言葉を巧みに、しかも誠実に操った。

東洋思想の精髄において、根源の真理は人間自身のうちにあるとされた。もしそうだとすれば、賢者であろうとなかろうと、私たちが真に根源的に瞬間瞬間を生きる人間として、同じく根源的なる他者に向けて誠実に言葉を紡ぎ出した時、その言葉は真理と一丸となって人種や国境の壁をはるかに超え、相手の生きた魂に深く響きわたるに違いない。

東洋思想にも深い関心を示した宗教哲学者のM・ブーバーは、〈われ〉〈なんじ〉〈それ〉〈彼〉〈彼女〉等々と呼称されるわれわれの世界の基礎語が対応語としての〈われ―なんじ〉と〈われ―それ〉であるとし、その二重性を指摘したうえで〈われ―それ〉の根源に〈われ―なんじ〉を置いた。彼の著『我と汝』によれば、〈われ―それ〉の〈われ〉は経験的に対象=〈それ〉と対峙《たいじ》するが、〈われ―なんじ〉の〈われ〉は全存在的に存在=〈なんじ〉へと向かうとされる。対象化以前の生きた「人間」に世界の中心性を認め、共感的にその「人間」と語らい、出会う限りの「人間」を自己と共に生かそうとする東洋の対話の精神は、ブーバーが洞察した〈われ―なんじ〉の関係を想起させずにおかない。

ただし、両者には決定的な違いがある。ブーバーは、〈われ―それ〉の経験的関係を否定的に見て〈われ―なんじ〉の全存在的関係の中に止揚すべきと考える。これに対して、東洋の思想は仏教の「空」にせよ、儒教の「天」にせよ、日常の経験的関係に即して全存在的関係を把握する。本質論的に思想の優劣を判ずるつもりなどないが、人々の経験のグローバル化が地球文明の重要な契機となっている以上、経験的な世界に否定的な態度をとるような対話主義が現代の諸問題の解決に際して有効に機能するとは考えにくい。

ちなみに、ブーバーは「人間は〈それ〉なくしては生きることはできない。しかし、〈それ〉のみで生きるものは、真の人間ではない」[9]とも述べている。その落ち着き先は、中道的な地平にあったのかもしれない。けれども、やはり日常の奥にある根源性をさかんに称揚して現代文化に警告を発するブーバーの哲学よりは、例えば現象と実在を相即的に見て日常性の活用を説く大乗仏教等のほうが、筆者の目には、地球文明の軌道修正に適した対話の哲学を提供できるように映る。実際問題として、科学技術の進歩にともなう地球文明化の流れは、もはや止められない。その意味で、人類社会の健全化への道は、文明の解毒でなくして活用にあると考えたいのである。

注

（1）『論語』金谷治訳注、岩波文庫、一九六三年、一三九頁。
（2）同前、一九頁。
（3）『ブッダ　神々との対話――サンユッタ・ニカーヤⅠ』中村元訳、岩波文庫、一九八六年、一七〇頁。
（4）前掲書、金谷訳注『論語』二二五頁。
（5）『ブッダのことば――スッタニパータ』中村元訳、岩波文庫、一九八四年、三七頁。

(6) 前掲書、金谷訳注『論語』一三九～一四〇頁。
(7)『孟子』貝塚茂樹訳、中公クラシックス、二〇〇六年、一五五頁。
(8)『老子』小川環樹訳、中公クラシックス、二〇〇五年、一一〇頁。
(9) マルティン・ブーバー『我と汝・対話』植田重雄訳、岩波文庫、一九七九年、四七頁。

第六章
ガンディーと仏教的非暴力

はじめに

M・ガンディーは、二十世紀前半に活躍したインドの政治指導者である。その名は、とりわけ「非暴力」の実践者として世界中に知られる。インドで生まれ育ち、イギリスのロンドンに遊学し、一八九三年に南アフリカで弁護士として出発した。人種差別政策を取る南アフリカで公民権運動に参加し、帰国後はインドの独立運動を指導した。

ガンディーの運動方針は、「非暴力」「不服従」の二点に集約される。また、諸宗教の対立に関しては融和主義を唱えた。だが、それが原因となって、ガンディーは狂信的なヒンドゥー教徒の凶弾に倒れ、一九四八年一月、七十八歳でこの世を去っている。

ガンディーの実践の核となる非暴力の信条は、純粋に宗教的なものであった。自分を殺そうとする相手に対し、怒りも、恐怖も、復讐《ふくしゅう》心も抱かず、非暴力を貫いて死ぬ。そうした超然たる態度は、彼が言うように「神への生きた信仰なくしては不可能(1)」なことだろう。ガンディー自身はヒンドゥー教徒を標榜《ひょうぼう》したが、彼の信ずる神とは、すべての人の良心に宿る真理に他ならなかった。真理こそ「神の別名(2)」に他ならないのであり、宗教や宗派の枠を超《こ》えて宗教的な生きた真理に従うことが非暴力への道であるとされた。「真理の道は非暴力の道でもある(3)」とも、ガンディーは強調している。

このような考え方から、ガンディーはキリスト教、イスラーム、ヒンドゥー教、仏教といった世界の主要な宗教を等しく尊敬したが、その中でも仏教の生命尊重の精神を高く評価し、讃嘆《さんたん》していたことを見落とすべきではなかろう。ガンディーによれば、仏教の創唱者である釈尊(ブッダ)や古代インドの仏教徒アショーカ王は、「不殺生《ふせっしょう》」を掲げた非暴力運動の先駆者であった。釈尊の肉声を伝える原始仏典を読むと、「生きとし生けるものに対して暴力を用いない(4)」(『ダンマパダ』)などと、非暴力の教えが随所に説かれている。ただ、釈尊は政治的な分野では非暴力を行わなかったと、ガンディーは言う。それゆえ、ガンディーの政治的な非暴力運動は新しい「実験」とされたわけだが、彼が自らを釈尊の後継者と位置づけたことは疑う余地がない。このことは、「仏陀《ぶっだ》の非暴力の行為の結果は、いつまでも滅びることなく、年とともに増大してゆくように見うけられます」[5]というガンディーの言葉からもうかがわれる。

小論では、簡略ながらガンディーの非暴力思想と仏教的なそれとの関係について、いくつかの観点から考察してみたいと思う。

1　サティヤーグラハと慈悲

ガンディーの非暴力は、宗教的な真理を体することが前提となる。この真理の体得を「サティヤーグラハ（satyāgraha）」という。

前述のように、ガンディーにおいて真理とは神を意味した。よって、サティヤーグラハは神への忠誠でもあり、すなわち神の愛に生き抜くことであった。自己の内なる怒りや臆病を乗り越え、神の愛のごとく人々を愛する。これがサティヤーグラハと言えよう。「サティヤーグラハの信奉者は、暴力の圧制に対して神の庇護《ひご》にすがり」、それによって疑いや恐れを打ち払い、「精神の強者」として立ち上がる[6]。

ガンディーは当初、この運動を「受動的抵抗（passive resistance）」と称していた。それは肉体の力や武力でなく、魂《たましい》の力、愛の力、真理の力によって不当な支配に抗することを意味する。

苦難を甘受するのは受動的だが、真理の力、愛の力による抵抗はこの上なく積極的であるとされた。やがてガンディーは、受動的抵抗をサティヤーグラハという自身の造語で言い換えるようになる。真理を持ち、純粋な愛の力で暴力に勝つ。そのひたむきな信念に、受動的という消極的な言葉は確かに似合わない。「わたしは、不道徳に対する精神的、そしてそれゆえに道徳的反抗を考えている[7]」と彼は述べている。

このサティヤーグラハの精神は、まさしく仏教の慈悲の教えを想起させる。

宇宙根源の真理に目覚め、一切平等の愛によって万物を慈《いつく》しむ。これが仏教に説く慈悲(maitrī)である。真理に殉ずる人には、全世界に対する慈しみの心が溢《あふ》れている。慈悲は、自己と他者、愛する者と憎む者などを区別する執着から離れ、あらゆる存在に対して平等な慈しみの念を持つことである。釈尊は教えた。「あたかも、母が己《おの》が独《ひと》り子《ご》を命を賭けても護《まも》るように、そのように一切の生きとし生けるものどもに対しても、無量の(慈しみの)こころを起すべし」「全世界に対して無量の慈しみの意《こころ》を起すべし[8]」と。

ガンディーが唱道したサティヤーグラハは、神の愛を体現することであった。一神教的な宗教観であり、本来ならば、神に背《そむ》く悪人は厳しく罰する、という裁きの信仰も唱えられてしかるべきだろう。しかし、ガンディーは暴力に対する断固たる抵抗を強調しながらも、敵に対して怒りを抱かず、敵を愛し、非暴力を貫いて自己を犠牲にせよと説いてやまなかった。筆者はここに、東洋の汎神論《はんしんろん》的な信仰を認める。ガンディーが言う「愛」は、一神教の愛よりも仏教の「慈悲」に近いように思われる。彼の説く神は真理と一体であり、それゆえ万物に平等に内在すると考えてよい。サティヤーグラハの思想的背景には、一種の汎神論的な信仰がある。

　そしてまた、サティヤーグラハに見られる精神面の積極性も、仏教的な慈悲の実践と通じ合うところである。あらゆる区別への執着を排して万物一体の真理に立ち、仏の慈悲に生きようとする人には、熾烈《しれつ》な戦いが待ち受けている。「わたしは神聖な者であり、無比であり、悪魔の軍勢を撃破し、あらゆる敵を降服させて、なにものをも恐れることなしに喜ぶ」[9]と釈尊は宣言した。「悪魔の軍勢」とは欲望や怒りなどの執着心を指すと言ってよい。その撃破は精神的な闘争となる。仏教の悟りというと、いかにも静寂で観想的なイメージが強いが、偽りの自己、悪《あ》しき自己に打ち克つには戦闘的な精神がなくてはならない。釈尊は、内なる悪魔である怒りを容赦なく斬り殺せと教えた。[10]「情欲にひとしい激流は存在しない」[11]がゆえに「自分というものは、まことに制し難い」[12]のであり、自制は精神的格闘の異名と言える。これは、非暴力の実践において「内なる獣性」から脱する自己抑制の努力を求めたガンディーの態度と同じであろう。[13]サティヤーグラハ運動においても、真の勝利とは自己に打ち克つことであった。[14]

　自己を制し、真理に根ざした愛の力で非暴力の勝利者となる。自己抑制による愛の平和を説くサティヤーグラハの理念は、仏教が掲げる慈悲の政治の理想にも通じていくだろう。ガンディー自身、非暴力の歴史的な実例として、武力を用いず法(ダルマ)という真理の力で慈悲の統治を行った仏教徒のアショーカ王の名を挙げているのである。[15]

2 アヒンサーと不殺生戒

アヒンサー(ahiṃsā)とは、殺害(ヒンサー)の否定(ア)を意味するサンスクリット語である。ヒンドゥー教や仏教等がアヒンサーの教義を強調したため、インドでは古代から不殺生の伝統が根づいている。

ガンディーによると、アヒンサーは真理と区別できないほど密接な関係にあり、真理を求めるのに不可欠な手段とされる。ゆえに彼は、このアヒンサーを非暴力主義の鍵概念とし、自らを「アヒンサー――非暴力――の教義の全き信奉者」と称した。[16] アヒンサーの対象には、人間だけでなく、すべての生き物が含まれる。

あらゆる生き物に対してアヒンサーを守るとなれば、生物を食して生物が生きる、という自然の法則からいって不可能な義務にも思える。しかし、ガンディーが訴えたのは「アヒンサーの行動」にも増して「アヒンサーの心」であった。「たんなる非殺生という意味での非暴力は、わたしには、暴力的方法から一歩でも進んでいるとは思えない」[17]と彼は言う。つまり、ガンディーにおけるアヒンサーは、殺害の禁止という外面的な規定よりも内面的な愛の心を重視すると見られる。アヒンサーは最高の義務ゆえ、完全に実践できなくとも、できるだけ暴力を避けていかねばならない。大事なのは非暴力の心、生きとし生けるものへの愛であり、人類がこのアヒンサーに向かって進化し続けることではないか。ガンディーはそう唱えた。

実際、彼の言うアヒンサーは自制心や宗教性を格別に重視する。なるほど現実の世界では、どうしても争いごとや殺生が避けられない。だが、アヒンサーの心がそこにあれば、勝者も敗者も、殺す者も殺される者も、共に魂を高めていける。ガンディーはそう信じて疑わなかった。

だからであろう。アヒンサーの心を忘れた、単なる理性的な正義や平和の議論などには頑《かたく》なに反対した。「わたしはいかなる戦争も正当なものだとは思わない。それゆえに、そのような戦争の賛否を議論することは、わたしの領域外である」[18]。ガンディーにあっては、いわゆる「正義の戦争」を論ずること、それ自体が冷酷かつ無慈悲な観念論であった。また、原子爆弾の出現によって図らずも地上にアヒンサーが実現されるとの見方に対しても批判的であり、「原子爆弾のために、これまで久しく人類を支えてきた高尚な感情が死滅させられてしまった」[19]と慨嘆している。核抑止論とは非暴力の魂を失った力の法則論にすぎず、本質的には暴力的な思想と見なされたのである。

結局、ガンディーにおけるアヒンサーは「万物への慈悲心」と要言できる。[20] 慈悲の心で怒りの連鎖を断ち切り、一歩一歩、堅実に非暴力の世界を構築していく。こうしたアヒンサーは、まさしく仏教的な実践の理想でもあろう。「殺す人は殺され、怨《うら》む人は怨みを買う。また罵《ののし》りわめく人は他の人から罵られ、怒りたける人は他の人から怒りを受ける」[21] という釈尊の言葉がある。暴力の連鎖、怒りの連鎖から万物への慈悲心によって自由になること――それが釈尊の説く不殺生戒《かい》の真意であった。ガンディーのアヒンサーと同じく、仏教の不殺生戒においても、最も問われるべきは「不殺生の心」である。不殺生戒は、言うなれば「殺す心を殺す」実践に他ならない。[22]

非暴力は行動の理論ではない。暴力の対立概念でもない。それは、一切の暴力を生み出す根源の心を変えゆく実践である。先に述べたごとく、サティヤーグラハの実践は自己との闘いに尽きるものだった。「戦場において百万人の敵に勝つとも、唯だ一つの自己に克つ者こそ、実に不敗の勝利者である」[23]。釈尊のこの教えこそが、ガンディーのアヒンサー思想の核心にあるものと言える。

3　教育的非暴力

激流のごとき怒りを制するガンディーの非暴力の実践は、内なる悪魔との戦闘と呼びうる激しさをともなう。だがしかし、それは人間の道徳的な力をどこまでも信ずる、人間信頼のオプティミズムに立つものでもあった。「わたしは手に負えないオプティミストです。わたしのオプティミズムは、非暴力を発揮しうる個人の能力の、無限の可能性への信念にもとづいています」[24]と、ガンディーは公言した。人間の善性に対する確固不動のオプティミズムがあればこそ、愛の力は剣の力に勝るとして、非暴力による対決が頑なに唱道されたわけである。

敵を信じ、敵を愛し、その暴力性とは徹底的に戦う。ガンディーの非暴力は、戦闘的でありつつも教育的であった。戦闘的な非暴力を実践したガンディーは、同時に教育的な非暴力の人だったのである。「たとえ善にもせよ、力によってもたらされるとき、それは人間の個性を破棄する」という考え方をとり、「愛という説得力をもって改革が成就できたなら、人間の個の本質は失なわれず、恒久的なほんとうの進歩が世界に約束されよう」と人々に呼びかけたのが[25]、ガンディーであった。

ガンディーにかかれば、歴史上に悪名高い暴君ネロでさえ、奥底には人間らしい心を持った人物となる。また、彼と同時代に現れた破滅的な独裁者、ムッソリーニやヒトラーについても、愛の接近には必ず応えるはずだと主張してはばからなかった。[26] そして、この信念を自ら実行に移してもいる。

ガンディーは第二次世界大戦が始まった後、ドイツのアドルフ・ヒトラーに宛てて手紙を認《したた》めた。注目されるのは、手紙の論調が対決的というより説得的だった点である。この手紙は「親愛な友」という書き出しで始まり、「あなたが、あなたの敵たちの言うような怪物だとは考えていません」「ひとときの平和のために努力をしてくださるようあなたにお願いする」（傍点原著）などの丁重な言葉が続き、最後は「あなたの誠実な友　M・K・ガンディー」の署名で閉じられている。しかし、それでいながら、ヒトラーの行為を「人間の尊厳に反する恐るべきもの」「人間性を堕落させるもの」と厳しく断罪し、「あなたが戦争で勝利をおさめたとしましても、それは、あなたが正しかったということではありません。それはただ、あなたの破壊力のほうが大きかったというだけのことです」などと教え諭《さと》しつつ、人類の名において戦争を停止するよう要請しているのである。[27]

同様な手紙を、ガンディーは中国への侵略を進める日本人に宛てても書いた。「すべての日本人に」と題する、その手紙では、日本の中国侵略を「帝国主義的な野望」と指弾《しだん》し、彼が読んだすべての文書の中で日本人は「いかなる訴えにも耳を傾けようとはなさらない、ただ剣にのみ耳をかす民族だ」とされていることを紹介する。だが、それでもガンディーは「そのように考えるのはあなたがたをはなはだしく誤解していることでありますように、そして、わたしがあなたがたの心の正しい琴線にふれることができますようにと、どんなにか念じていることでしょう」と自らの心情を記し、「人間性には相反応し合うものがあるとの不滅の信念」に基づき日本人を道徳的に救済したいと願う。それゆえに「情け容赦のない戦争がだれの独占物でもないことに、あなたがたが気づかれていないというのは驚くべきことに思われます。たとえそれが連合国でなくとも、どこか他の国が、きっとあなたがたの方法に改良を加え、あなたがた自身の武器をもってあなたがたを打ち負かすことでしょう。かりにあなたがたが戦争に勝ったとしても、国民が誇りに思うような遺産をなに一つ遺《のこ》すことにはならないでしょう」等々と書き連ね、侵略戦争の愚かさを諄々《じゅんじゅん》と教え諭したのである(28)。

かくのごとく、ガンディーの非暴力には教育的な態度が鮮明に見てとれる。彼が非暴力の急速な普及を目指さず漸進《ぜんしん》主義の立場をとったのも、人類の良心の教育的な啓発を第一義としたからだろう。筆者は、このような非暴力のあり方を教育的非暴力と呼んでみたい。

ガンディーが行った教育的非暴力は、仏教の非暴力においても顕著に認められる。釈尊の思想は、暴力に慣れた人々に教育的な態度で改心を迫るものであった。「殺そうと争闘する人々を見よ。武器を執《と》って打とうとしたことから恐怖が生じたのである。わたくしがぞっとしてそれを厭《いと》い離れたその衝撃を宣《の》べよう」[29]「殺す人は殺され、怨む人は怨みを買う。また罵りわめく人は他の人から罵られ、怒りたける人は他の人から怒りを受ける」[30]「生きとし生けるものに対して暴力を用いない人こそ、〈バラモン〉とも、〈道の人〉とも、また〈托鉢遍歴僧《たくはつへんれきそう》〉ともいうべきである」[31]——こうした言葉の数々から、われわれは、釈尊が紛れもなく教育的非暴力の人だったことを知る。

また、次のようなエピソードも伝えられている。ある時、古代インドのマガダ国の王が隣国のヴァッジ国を侵略しようと思い、一人の大臣を使いに立てて釈尊の意見をうかがった。釈尊は、使者の大臣でなく、傍《かたわ》らにいた仏弟子のアーナンダに語りかけ、ヴァッジ人に関する七つの質問を行う。アーナンダは、それらに次々と答えていった。このやり取りから、ヴァッジ国の人々は理想的な共和政治を行い、遵法《じゅんぽう》精神に富《と》み、道徳的であるなど、七つの衰亡しない法を守っていることがわかってくる。そこで釈尊は、王の使者たる大臣に向かって言った。七つの法とはかつて私（釈尊）がヴァッジ人に教えたものである、この七つの法を守る限り、ヴァッジ人は繁栄し、衰亡しないだろう、と。これを聞いた大臣は、戦争でヴァッジ国を征服するのは無理だと思い知り、喜んで座を立ち、去っていった。[32]

以上の説話において、釈尊は直接的に戦争の停止を要求していない。彼が用いたのは弟子との対話を通し、それとなく政治権力者に暴力的な征服の無意味さをわからせるような方法であった。じつに巧みな教育的非暴力のアプローチと言えないだろうか。独裁者や帝国主義者に対しても堂々と暴力や戦争の悪徳を訴えたガンディーと、違うといえば違うかもしれない。しかしながら、戦争を望む者と真っ向から対立せず、むしろ戦争支持者たちの内面に分け入って彼ら自身が非を悟れるよう仕向けていく言論の方向性において、ガンディーと釈尊は完全に軌を一にしている。つまり、二人はともに非暴力の心を啓発する教育的非暴力の実践者だったのである。

なお、教育的非暴力が批判を受けるとすれば、やはり実効性への疑問に尽きるだろう。非暴力という神の理念を人類に教育し、実際に根づかせるには多大な時間と労力を要する。ガンディーは、アヒンサーの浸透には数世代を要すると述べ、非暴力の実験は一歩一歩で満足しなければならないと述べた[33]。しかし、それでは今ここにある暴力と流血を止めることにはならない。「侵略者もやがては精神的に、あるいは肉体的にも、非暴力の抵抗者を殺害するのに飽きるだろう[34]」とのガンディーの信念は、現実的な人道主義者からは強い反発を受けるに違いない。

さらに、釈尊の教育的非暴力については、悲劇的な運命を諦観《ていかん》する傾向も指摘されてしかるべきである。『増一阿含経』の伝えるところでは、釈尊は自分の出身部族である釈迦《しゃか》族がコーサラ国に攻められた時、何度か教育的にそれを押しとどめたが、最後には「釈種は今日宿縁すでに熟す。いままさに報を受くべし[35]」と述べて一族滅亡の宿命を諦観し、そのとおりに釈迦族は滅ぼされたという。

教育的な非暴力こそが恒久的な平和を確立する真の道であることは、誰しも否定しないと思う。

だが、われわれはそれとともに、目の前の暴力的な惨劇を制止する力をも切実に求めている。この感情は、一つの意見というよりも万人の道徳的直観であろう。教育的非暴力が決して無視できない根本的な課題が、ここで問われることになる。

4 諸宗教への寛容

さて、われわれが非暴力を語る際には、宗教の問題を避けて通ることができない。宗教は暴力と非暴力の両義性を持つ。宗教は、外在的にせよ、内在的にせよ、人間を超えた存在を説く。その超越的な権威において、人間を裁く暴力性と人間を赦《ゆる》す非暴力性とが矛盾のまま緊張関係を保っているのが、生きた宗教の世界であろう。

宗教の暴力性が顕在化する最大の契機は、何と言っても異なる宗教間の対立である。ガンディーも、ヒンドゥー教徒とムスリムの対立を解決しようとしてヒンドゥー至上主義者の凶弾に倒れた。ガンディー自身は、ヒンドゥー教徒でありながらも、諸宗教を平等に扱う立場をとったと見られる。すなわち、「世界の主なすべての宗教に対して、ひとしく尊敬の念をもっていなければならない(36)」との信念に立ち、異教徒を憎悪する人々に非暴力と愛を呼びかけている。ガンディーの非暴力は平等主義的な宗教理解に支えられていたと言えよう。

では、なぜ彼は諸宗教を平等に尊重するのか。それは一言で言えば、真理＝神に対する人間の認識の不完全性という信条を持つからである。人間はあくまで真理の探究者、求道者であって、真理なる神と合一することはできない。われわれが探究者としての不完全さを自覚すれば、宗教の優劣を比較するといった問題も起こり得ない。「どの宗教もみな、真理の啓示によって成り立ってはいますが、同時にみな不完全であり、過ちを免れません」[37]と、ガンディーは力説する。

そして、数多くの宗教が存在する理由については、一つの宇宙霊が多くの肉体に宿るからだとする。「真《まこと》の完全な宗教」「一《いっ》なる完全な宗教（The one Religion）」は一切の言語を超えているが、「不完全な人間が、それを自分に駆使できる言語で語り、その言葉がまた、同じ不完全な他の人びとによって解釈される」のが、われわれの宗教に他ならない。したがって、どの宗教も誤っていると言えないこともなく、ここに寛容の必要性が生ずるというのである[38]。

ガンディーは、人間の宗教的認識の不完全性を認め、諸宗教は完全なる真理の一部を様々な言語で表現したものとして平等に尊重すべきだと説く。こうした考え方は、今日で言う宗教多元主義の立場にあたる。というより、今日の宗教多元主義を生み出した源流の一つがガンディーの宗教理解であるとも考えられよう。宗教多元主義の代表的な論客である神学者のJ・ヒックは、ガンディーと同じく人間の認識は真理を完全に捉えることができないとし、偉大な世界宗教が提唱する神や真理は唯一の究極的な「実在者」(the Real)をそれぞれの文化を通じて様々に表象したものだと主張する。ヒックの実践活動に最も大きな影響を及ぼした人物はガンディーであるという。ヒック的な宗教多元主義がガンディーの宗教理解と酷似する点は特筆されてよい。

真理との合一を理想とするヒンドゥー的伝統を継承しながら、神の絶対性を説くキリスト教からも少なからず影響を受けたガンディーの信仰では、真理との合一を目指す人間の有限性が強調された。真理としての神を把握すべきだ、しかし完全には把握できない、有限な人間が解釈した諸宗教はみな不完全である、ゆえに諸宗教を平等に尊重しつつ永遠に完全を目指せ、ガンディーの信仰とはこのようなものである。そこに、真理への目覚めを説く東洋の宗教と、神による世界創造を説く西洋の宗教との融合を見るのは、筆者一人ではあるまい。

ガンディーは、諸宗教の優劣を論ずることに反対し、いわば諸宗教を統合するメタレベルの視座からそれらの平等な尊重を訴えたわけである。思想や宗教をメタレベルで考えるべきことは、仏教の創始者である釈尊も唱えていた。釈尊は、一つの見解に固執するな、一切の断定を捨てよ、と説き、「汝《なんじ》らは、無論争の境地を安穏であると観じて、論争をしてはならない[39]」と弟子たちを誡《いまし》めたという。しかし、このことは釈尊が真理の把握を放棄したからではなかった。「真理は一つであって、第二のものは存在しない。その(真理)を知った人は、争うことがない[40]」とも釈尊は述べている。つまり、本当に唯一の真理を把握すれば他の思想家や宗教家と論争することはない、と教えたのである。ここに言われる唯一の真理は、一般に論争される真理の次元を超えたメタレベルにあると考えられる。

したがって、釈尊も一種のメタレベルの宗教観に立ち、異なる思想信条に対する寛容を説いたと見てもよい。ただし、釈尊は、ガンディーが到達不可能とする「真の完全な宗教」「一なる完全な宗教」に自ら到達したとの立場をとる。「ニルヴァーナとは、一切の束縛から解き放たれることである」[41]とする、そのニルヴァーナ（涅槃《ねはん》）の悟りを得た人こそ仏陀（釈尊）なのである。この点、仏教は真理の完全な把握をはっきりと標榜する。にもかかわらず、釈尊が異なる見解の人々と争うなと説いたのは、真理の完全な把握をあくまでメタレベルに置いたからだろう。

ガンディー的な考え方だと、真理の完全な把握を主張した時点で、もはやメタレベルでなくなるようにも思える。ところが、仏教的なメタ理論は無限の否定であり、一切の区別を排除する。そこには完全／不完全の区別もなく、区別／無区別の〈区別〉さえない。すべてにおいて自由自在なる境地、それが仏の悟りである。完全／不完全の区別に立ったガンディーの宗教的理想をさらに大きく包み込む、極限的なメタレベルの真理把握に仏教の真骨頂があろう。

要するに、仏教では人間を不完全にして完全と見なし、不完全なままで完全な真理の把握に達することも認めると言える。ゆえに、ガンディーに見られるメタレベルの宗教的完成を想定した諸宗教の尊重に本質的に同意しながらも、神と合一した完全な人間が存在しうるとの立場を捨てず、その意味から人間の絶対的尊厳に基づく寛容の態度が導かれていくのである。

おわりに

ガンディーが唱道した非暴力は純粋に宗教的であり、仏教の創始者である釈尊の非暴力の教えとも共通する点が多い。すなわち、真理の力への信仰、生きとし生けるものへの慈愛、自己抑制の提唱、不殺生の心の重視、教育的な非暴力、異なる信仰に対する寛容の精神などを挙げることができる。

これらはみな、人間をどこまでも信頼する強靱《きょうじん》なオプティミズムから生まれたと考えられよう。ガンディーにも、そして釈尊にも、人間は必ずよく変われる、との揺るがぬ信念があった。ガンディーは「『悪行は善行によって帳消しになる』とは、日常の実践生活から生まれた賢明な諺である」(42)と述べ、釈尊も「もしも愚者が『われは愚かである』と知れば、すなわち賢者である」(43)と語っている。どんな悪人でも、心一つで善人に変わっていける。そう固く信じ、人間性への希望を持ち続けたからこそ、二人は人々の心の変革にすべてを賭け、教育的非暴力を貫いたのであった。

とはいうものの、二人の間に対照的な相違点も見出《みいだ》される。釈尊は主に脱世俗的な出家集団の中で非暴力を説いたが、ガンディーは世俗の社会で非暴力の理想を実現しようと奮闘した。この点はガンディー自身が「イエスも仏陀も、政治的な分野では非暴力を行なわなかった(44)」と自覚していたとおりである。社会的積極性の有無において、両者には明らかな違いがある。釈尊の実践を評して、ドイツの哲学者ヤスパースは「世界はあるがままに放置される。仏陀はこのただ中をゆき、しかも、一切のもののための改革を考えることをしない。かれの教えは、世の中から脱することであり、世の中を変えることではない(45)」と述べた。ガンディーは、釈尊が唱えた非暴力を脱世俗から世俗の領域に拡大する役割を担ったとも言える。

ただ、釈尊が志向した徹底的な無執着の真理を熟考すると、事はそう単純に運ばない。仏教では、一般倫理の相対的次元で暴力と非暴力のどちらか一方に執着することを誡めるはずだろう。暴力への執着が思いがけず冷戦的な非暴力をもたらしうるように、非暴力への執着は自己犠牲の流血という暴力を招くこともある。硬直化した考え方にとらわれていては、真に暴力なき世界を築くことはできまい。釈尊は倫理的な断定からいったん離れ、自在無碍《むげ》なる非暴力の心、要するに「非暴力の智慧《ちえ》」を教えたとも考えられる。王権に向かって遠回しな言い方で戦争回避を勧めた事績などは、まさに「非暴力の智慧」を物語っていよう。

このように、釈尊の場合、ガンディーのごとく世俗における非暴力を宗教上の絶対的規則とする意図はなかった可能性がある。ゆえに、原始仏教から発展した大乗仏教になると、「戦争が続く時は実力のある者になって残虐な者たちを滅ぼし、後に憂《うれ》いや恐れがないようにしてやりたい。苦しみながら死んだり、牢獄《ろうごく》に縛られたり、打たれたり、水や火などに責められたり、王や盗賊に苦しめられたり、貧窮《ひんきゅう》になったり、悪がはびこり、無法状態になったりして世間の人々が恐怖におののくのを取り除けるようになりたい」(46)などと記す『涅槃経』のような経典も出てくる。非暴力の実現のために最小限の暴力を生かして使うのは、暴力と区別された非暴力の倫理では断じて許されない。だが、自在な智慧としての非暴力の心にあっては、それを認める余地が残されている。暴力に対する力の制止は、それが慈愛の発露である限り、暴力と区別されない非暴力とも言えよう。暴力と非暴力の区別を生み出す根源の心に立ち返れば、自在な「非暴力の智慧」が発現してくる。智慧の自在さは、あえて戦闘の世界に我が身を投じ、人々と同苦しながら平和を目指す、といった形をとることもある。『法華経』の観音品に、観世音菩薩《かんぜおんぼさつ》は将軍の身をもって救うべき者には将軍の姿で法を説く、と示される。(47)仏教の非暴力主義者は、同苦のゆえに武装することさえある。やむなく暴力の世界で同苦する非暴力のあり方を、必ずしも否定しない。仏教には、清浄かつ自由な心で世俗の倫理を柔軟に捉える一面がある。(48)教育的非暴力のアキレス腱とも言える実効性の問題を解決する鍵は、こうした「非暴力の智慧」にあるのではないだろうか。

断っておくが、筆者はガンディーの非暴力主義にまったく柔軟性がない、などというつもりはない。彼が「卑怯《ひきょう》か暴力かのどちらかを選ぶ以外に道がないならば、わたしは暴力をすすめるだろうと信じている[49]」と述べたり、非暴力的な肉食主義者に敬意を払ったりしたのは[50]、倫理的な柔軟性の表われと見てもよかろう。非暴力の心を最も重視する以上、ガンディーにおいても行為の規律は二次的な問題である。しかしながら基本的には、ガンディーの非暴力は厳格主義的と呼ぶべきものである。サティヤーグラハを行うとは、射殺されようが、海に投げ込まれようが、されるがままになることだ。ガンディーは、こう語ってはばからなかったのである[51]。

けだし、ガンディーと釈尊が倫理的な態度を異にする理由は、最終的には彼らの宗教的世界観の違いに求められよう。ガンディーは、人間による真理の把握が常に不完全であるとの認識に立っていた。そして、神に対する自己の卑小さを強調し、自らを「不完全な器《うつわ》」と謙称した[52]。不完全な人間の自己は、完全な真理すなわち神の前では否定されるしかない。その自己否定の極限に、自己犠牲という神聖な義務が生ずるのである。

一方、釈尊は、人間の姿のままで真理を完全に把握した覚者（Buddha）とされた。釈尊自身、「われにはいかなる師も存在しない。われに等しい者は存在しない。この世において唯だ一人の完全に覚《さと》った者であり、最上の完きさとりを得たのである[53]」と述べている。人間の自己の本質は宇宙の真理と同一である。よって、真の自己に目覚め、帰依《きえ》せよ。釈尊はこう説き教え、世を去る前には「わたしは自己に帰依することをなしとげた[54]」と語り残したという。仏教といえば、無我の自己否定がまず思い浮かぶが、それは偽りの自己、虚像の自己を否定するという意味である。

原始仏典に描かれた釈尊は、はっきりと自己の尊厳を高唱している。人間による真理の完全な把握（悟り）を標榜する仏教は、本質的に自己を肯定し、この上なく尊重する宗教と言える。よって、自発的献身ならともかく、ガンディーのように自己犠牲の倫理的義務を示そうとする傾向は見られない。

不可思議な究極の真理を完全に把握したとする仏教は、あらゆる区別から——区別をする・しないという〈区別〉からも——自由な立場をとるため、自己犠牲の義務にとらわれることがないわけである。「来ることも無く、行くことも無く、生ずることも無く、没することも無い。住してとどまることも無く、依拠することも無い。——それが苦しみの終滅であると説かれる」(55)。これは釈尊の直説《じきせつ》とされる。かくも徹底的に区別を否定するところ、自己と他者の区別、ひいては自己と絶対者の断絶までもが溶解せざるを得なくなろう。自己に対する一方的な否定もなければ、その一方的な肯定もない。自己は自己にあらず、他者は他者にあらず、絶対者は絶対者にあらず、それでいながら自己は自己、他者は他者、絶対者は絶対者である。後の大乗仏教で中道の哲学として大成される、こうした自由自在な真理観に立つ限り、自己犠牲のみを殊更《ことさら》に強調すべき道理はない。

何ものでもなく何ものでもある自己は、すべてを生かそうとする根源的な〈非暴力〉の心を持っている。そこから自在な智慧を発揮し、暴力であれ、非暴力であれ、一切を調和の方向に導いていく。仏教的非暴力の本義とは、恐らくそのようなものではないだろうか。

以上、「ガンディーと仏教的非暴力」というテーマの下で、両者の共通点と相違点を種々考察した次第である。最後に、両者の非暴力思想がともに抱えている、深刻な問題を一つ提起したい。肉体の蔑視がそれである。

ガンディーは、われわれの肉体を鳥籠（cage）のようなものであると言った。「享楽への欲求が霊魂《こころ》にたいして肉体を生みだし〔それを維持し〕てきたと言われてきましたが、これはほんとうです。欲望が消滅すれば、もはや肉体の必要性はなくなり、人は生死の循環から解放されます。霊魂は遍在しています。それなのに、どうして霊魂は鳥籠のような肉体に閉じこめられたがるのでしょうか」(56)。ヒンドゥー的な解脱《げだつ》の理想が、ここで唱えられている。その是非はさておくとして、肉体の蔑視がガンディーにおける自己犠牲や自己放棄の理念を後押ししたことは疑い得ない。「婦人たちは髪一本でさえ穢《けが》される前に、自ら生命を断つことを学ぶべきである」(57)といった潔癖主義は、ガンディーが肉体に対する精神の圧倒的な優位を考えていた証左であろう。

釈尊の教団もまた、ガンディーと違って自己否定的ではなかったものの、肉体を蔑視する傾向が強かったことが知られる。肉体の不浄は、当時の出家修行者たちの共通認識であったという。「身体は厭わしきかな！　悪臭を放ち、悪魔の徒党であり、（体内から）惨み出ている」(58)等々と彼らは語り合い、肉体の束縛からの解放を願って修行に励んだのである。

宗教的な信仰を離れて非暴力の実践を考えた時、肉体を蔑視する非暴力の意義に疑問を持つ人がいたとしても決しておかしくはない。幾千幾万の血の犠牲をともなう非暴力の抵抗や、焼身自殺による僧侶の反戦行動は、魂《たましい》の価値を最優先する宗教的な人々には受け入れられるだろう。だが、世俗的な良識派や知識人は、それらをかえって自己の肉体に対する暴力行為と見なすかもしれない。ガンディーはサティヤーグラハ運動による犠牲が「最小限の生命の損失に終わる」と強調したが、[59] そうしたことでなく、要は肉体を蔑視する非暴力が非暴力たりうるのかという点が問題なのである。

もっとも、仏教の思想的展開を追うと、肉体の蔑視から脱した面がなきにしもあらずと言える。大乗経典の『涅槃経』は「解脱は肉体があるとも肉体がないとも言う」と主張し、[60]『華厳経』は「一本の毛の孔のなかに無量の仏国土が荘厳されており、悠々として安定している」などと説く。[61] 肉体的欲望に関しても、その消滅でなく活用を唱える教説が見られる。区別という執着的な見方からの完全な解放が仏教の悟りならば、本来、仏教者は精神と肉体の区別にもとらわれるべきではない。釈尊の無執着は、最終的には肉体の尊厳にまで至るはずである。大乗仏教徒が言うように、精神と肉体とは不二（色心不二）でなければならない。釈尊は言語を絶する無執着の真理を開示する前段階において、ひとまず肉体や肉体的欲望の消滅を教えた。そう推察することも、できなくはないだろう。

今日の世界で起きている暴力の現実は、ますます複雑で多面的な様相を帯びている。非暴力の愛の抵抗によって怒り狂う敵を改心させ高めていく、というガンディーの非暴力は、基本的にface to faceの対面倫理を前提としていた。ところが、現代では原水爆や化学兵器、サイバーテロ等が広がり、非対面的な倫理としての非暴力も重要になってきた。あるいは、構造的暴力に対抗する非暴力とは何かといった議論も不可欠だろう。非暴力の思想も、新しい時代の要請に応答することが望まれている。

ただし、いついかなる時代にあっても、人格の光こそが非暴力の最大の力となってきたことを、思想家は深く銘記すべきではないか。ガンディーや釈尊は、何よりも人格的な感化を通じて人々を非暴力の実践に導いた。一人から一人への心の伝播《でんぱ》が、非暴力の実践の要諦である。この点は、非対面の倫理が問われる時代になっても何ら変わらないだろう。現代において、一人の非暴力の心は表情や肉声にとどまらず、文字、芸術作品、電波、液晶の画面等にもなって他の人々の心に呼びかける。アメリカ公民権運動の指導者M・L・キングは、書物という非対面の世界でガンディーの心に触れ、愛の倫理の社会的力を確信できるようになったという(62)。非暴力の思想や理論は、いつも慈愛の人格を説明する道具にすぎないのである。

注

（1）マハトマ・ガンディー『わたしの非暴力1』森本達雄訳、みすず書房、一九九七年、九六頁。
（2）ガンディー『非暴力の精神と対話』森本達雄訳、第三文明社、二〇〇一年、一〇七頁。なお、同書は、訳者の森本が第三文明社編集部から「ガンディーの非暴力思想のエッセンスを新書版にまとめてほしい」との要請を受け、膨大な数にのぼるガンディーの論説の中から選んで編集したものである。
（3）マハトマ・ガンディー『わたしの非暴力2』森本達雄訳、みすず書房、一九九七年、一八六頁。
（4）『ブッダの真理のことば　感興のことば』中村元訳、岩波文庫、一九七八年、三〇頁。
（5）前掲書、森本訳『わたしの非暴力1』八八頁。
（6）前掲書、森本訳『わたしの非暴力2』一四〇頁。
（7）前掲書、森本訳『わたしの非暴力1』四七頁。
（8）『ブッダのことば――スッタニパータ』中村元訳、岩波文庫、一九八四年、三八頁。
（9）同前、一二五頁。
（10）『ブッダ　悪魔との対話――サンユッタ・ニカーヤII』中村元訳、岩波文庫、一九八六年、二九一頁。
（11）前掲書、中村訳『ブッダの真理のことば　感興のことば』二六五頁。
（12）同前、二三〇頁。
（13）前掲書、森本訳『わたしの非暴力1』みすず書房、一九九七年、一五七〜一五八頁。
（14）『ヒンド・スワラージ』（一九〇九年）において、ガンディーはスワラージ（自治）について種々語っている。その総括の中に「真の自治は、克己であり、自己抑制である」との言葉がある（『わが非暴力の闘い』森本達雄訳、第三文明社、二〇〇一年、一六一頁)。

(15)ガンディーは、ある質問に答えた際、次のように述べたという。「ある国が非暴力にもとづくことは可能です。言いかえれば、武力にもとづく世界連合に対しても非暴力の抵抗をもって立ち向かうことはできると言えます。そのような実例にアショーカ王の国家があります」(前掲書、森本訳『わたしの非暴力2』一五九頁)。

(16)前掲書、森本訳『わたしの非暴力1』一八頁。

(17)前掲書、森本訳『わたしの非暴力2』一〇八頁。

(18)前掲書、森本訳『わたしの非暴力1』一〇四頁。

(19)前掲書、森本訳『わたしの非暴力2』一六三頁。

(20)ガンディー自身、アヒンサーを「すなわち万物への慈悲心として知られるもの」(同前、二七四頁)と表現したことがある。

(21)前掲書、中村訳『ブッダの真理のことば　感興のことば』二〇二頁。

(22)中村元『原始仏教　その思想と生活』NHKブックス、一九七〇年、一二三～一二四頁。

(23)前掲書、中村訳『ブッダの真理のことば　感興のことば』二二九頁。

(24)前掲書、森本訳『わたしの非暴力1』一三五頁。

(25)前掲書、森本訳『わたしの非暴力2』二四〇頁。

(26)前掲書、森本訳『わたしの非暴力1』一一八頁。

(27)アドルフ・ヒトラーに宛てたガンディー書簡(一九四一年十二月)、前掲書、森本訳『わたしの非暴力2』七～一一頁。

(28)同前、三三～三八頁。

(29)前掲書、中村訳『ブッダのことば』二〇三頁。
(30)前掲書、中村訳『ブッダの真理のことば　感興のことば』二〇二頁。
(31)同前、三〇頁。
(32)『ブッダ最後の旅――大パリニッバーナ経』中村元訳、岩波文庫、一九八〇年、九～一六頁。
(33)前掲書、森本訳『わたしの非暴力1』八五頁、一六七頁。
(34)前掲書、森本訳『わたしの非暴力2』三〇頁。
(35)「釋種今日宿縁已熟今當受報」(『増一阿含経』、『大正新修大蔵経』第二巻、六九一頁・中)。
(36)前掲書、森本訳『わたしの非暴力1』九七頁。
(37)『ガンディー　獄中からの手紙』森本達雄訳、岩波文庫、二〇一〇年、六九頁。
(38)同前、七〇～七一頁。
(39)前掲書、中村訳『ブッダのことば』一九六頁。
(40)同前、一九四頁。
(41)前掲書、中村訳『ブッダ　悪魔との対話』二三四頁。
(42)前掲書、森本訳『わたしの非暴力2』三〇一頁。
(43)前掲書、中村訳『ブッダの真理のことば　感興のことば』二三九頁。
(44)前掲書、森本訳『わたしの非暴力2』一二頁。
(45)ヤスパース『仏陀と龍樹』峰島旭雄訳、理想社、一九六〇年、五一頁。
(46)「刀兵之刧有大力勢断其残害令無遺餘。能断衆生種種怖畏。所謂若死閉繋打擲水火王賊貧窮破戒悪名悪道。如是等畏悉當断之」(『大般涅槃経』獅子吼菩薩品、『大正蔵』第一二巻、五三四頁上)、(田上太秀『ブッダ臨終の説法3』大蔵出版、一九九七年、三三六頁)。
(47)坂本幸男・岩本裕訳注『法華経(下)』岩波文庫、一九六七年、二五四頁。
(48)H・ベックは、仏教とジャイナ教を比較する中で、仏教にはインド的な苦行の傾向や様々な形式を重んずることがないとしながら、「仏教はインドの通念からみると法外なほど自由な考え方をする」と指摘している(『仏教(上)』渡辺照宏訳、岩波文庫、一九六二年、九頁)。
(49)前掲書、森本訳『わたしの非暴力1』五頁。
(50)ガンディーはこう述べている。「完全に自己にうち勝ち、善意にみち、万人への愛にあふれ、そしてすべての行為が愛の法則に支配されている、そんな人がいるならば、わたし個人としては、たとえその人が肉食主義者であろうとも、心からの敬意を払うだろう」(同前、二三四頁)。
(51)同前、一〇八頁。
(52)同前、一八七頁。
(53)前掲書、中村訳『ブッダの真理のことば 感興のことば』二三四頁。
(54)前掲書、中村訳『ブッダ最後の旅』一〇二頁。
(55)前掲書、中村訳『ブッダの真理のことば 感興のことば』二四四頁。
(56)前掲書、森本訳『ガンディー 獄中からの手紙』四六頁。
(57)前掲書、森本訳『わたしの非暴力2』一九九頁。
(58)『仏弟子の告白——テーラガーター』中村元訳、岩波文庫、一九八二年、七八頁。
(59)前掲書、森本訳『わたしの非暴力1』四六頁。
(60)「解脱亦色非色」(『大般涅槃経』盧舎那品、『大正蔵』第一二巻、三九二頁・上)、(田上太秀『ブッダ臨終の説法 1』大蔵出版、一九九六年、一八三頁)。
(61)「一毛孔中 無量佛刹 莊嚴清淨 曠然安住」(『華厳経』盧舎那品、『大正蔵』第九巻、四一〇頁・下)、玉城康四郎訳(中村元編『大乗仏典』筑摩書房、一九七四年、一九九頁・上)。
(62)M・L・キング『自由への大いなる歩み――非暴力で闘った黒人たち』雪山慶正訳、岩波新書、一九五九年、一一四〜一一五頁。

第七章

ガンディーと戸田城聖をつなぐもの

本章では、マハトマ・ガンディー、戸田城聖（創価学会第二代会長）、という二人の歴史的人物を取り上げ、両者の思想と行動が、底流において深く共鳴し合うことを論じてみたいと思う。

ガンディーと戸田会長は、ともに二十世紀前半に活躍した民衆指導者である。二人が、直接あいまみえることは一度もなかった。けれども、彼らは宗教的情熱を持った非暴力主義者であり、この点で完全に一致していた。

もちろん、ガンディーは社会運動家、戸田会長は宗教指導者、という違いがある。が、これは立ち位置の違いにすぎない。二人はともに、宗教的で非暴力的な手段によって民衆の苦しみを救い、世界平和の課題に取り組んだと言える。

彼らの実践には、多くの共通点が見られる。ここではそれを、戦う人間愛、不殺生《ふせっしょう》の心、人間革命から社会変革へ、獄中闘争、という四つの視点から考えていく。

1　戦う人間愛

ガンディーも戸田会長も宗教的な真理の信奉者であり、実践者であった。真理とは万物の一体性であり、それを知れば、人は生命愛、人間愛に生きることになる。人間愛に生きることを、ガンディーはサティヤーグラハ（真理の把持《はじ》）と呼び、戸田会長は大乗仏教の菩薩道《ぼさつどう》と見なした。

こうした宗教的な人間愛の実践は、すべてを受け入れる受動的な生き方ではない。むしろ善と悪とを峻厳《しゅんげん》に立て分け、積極的に社会悪と戦う、人間愛の抵抗運動を意味している。ガンディーは「サティヤーグラハの力は、剣の力よりもはるかに強力です(1)」と述べている。また戸田会長は、法華経に説く「地涌《じゆ》の菩薩」として社会の様々な悪と戦い抜いた。創価学会が信奉する日本中世の仏教僧・日蓮によれば、この菩薩は乱れた社会の中で迫害と戦いつつ人々を救うとされる。戸田会長が社会悪と積極的に戦ったのは、地涌の菩薩としての自覚の表れに他ならなかった。地涌の菩薩の社会的な使命について、戸田会長は「全人類の人格を最高度に引き上げ(2)」ることだと述べている。戸田会長にとって宗教運動は道徳的な社会運動でもあり、そこにガンディーのサティヤーグラハ運動との接点が見出《みいだ》せる。

ところで、ガンディーや戸田会長のような、戦う人間愛の実践には、自己犠牲がつきものである。非暴力の闘士として暴力と戦う限り、暴力の犠牲になることは避けられない。ガンディーは、サティヤーグラハを自己犠牲の法、受難の法と呼んでいた。(3) 戸田会長も、日本の軍国主義と戦って獄死した先師・牧口常三郎（創価学会初代会長）の殉教を模範とし、それに続こうとした。「牧口先生が倒れても、先生の後、私は広宣流布に身命を捨てている」(4) と戸田会長は語っている。

こうした自己犠牲は、人間生命の価値を軽視することにつながるだろうか。戸田会長が訴えた自己犠牲は精神的な次元を指し、自己犠牲の行為自体を推奨したものとは考えにくい。一方、ガンディーは、暴力的抵抗よりも非暴力的抵抗のほうが生命の犠牲が少ない、と経験的かつ道徳的に確信していたようである。また永遠の生命観に立ち、崇高な自己犠牲は人間の生命を歓喜で満たす、とも考えていた。ガンディー自身にとって、自己犠牲はむしろ生命尊重の行為だったのだろう。

付言するが、両者とも自己犠牲を実践の目的にしたわけではなかった。ガンディーにとって、自己犠牲的な非暴力の抵抗は、あくまでサティヤーグラハのための手段であった。牧口会長や戸田会長も、滅私奉公の倫理に反対して「自他共の幸福」を訴えていた。両者の実践の目的は、どこまでも真理の把握であり、それはすなわち全人類の幸福の実現を意味していたのである。

2　不殺生の心

ガンディーと戸田会長の非暴力主義を支えているのは、「殺すなかれ」という宗教的信念である。インドには古くから不殺生を説くアヒンサーの思想がある。ヒンドゥー教徒のガンディーは当然だが、日本人の戸田会長も大乗仏教者として不殺生戒の教えを守っていた。

有史以来、世に平和を口にする人は山ほどいた。にもかかわらず、人類が戦争に明け暮れてきたのは、平和の手段として暴力が正当化されてきたからに他ならない。平和への手段は、それ自体平和的であらねばならない。非暴力の平和闘争のみが、「平和のための戦争」というパラドックスから人類を解放する方法となる。

ガンディーによれば、偉大な予言者や救世主たちは皆アヒンサーへの道を説き、人類はアヒンサーに向かって着実に進歩してきたとされる。(5) ガンディーと戸田会長は、原子爆弾の脅威の下、この人類の道徳的進歩を飛躍的に促進すべく各々の立場で努力を重ねた。ガンディーはインドで国家規模の非暴力の実験を試み、戸田会長は日蓮仏法の流布によって日本を戦争のない国にしようとした。戸田会長はこう叫んでいる。「大乗仏教を立てるのです。戦争なんか絶対にしません。戦争なんかしなくても、民族の繁栄はすすめられます(6)」。

またアヒンサーは人間だけでなく、すべての生物への非暴力を教えている。動物や自然に対する暴力は、人間社会の暴力を呼び起こす。非暴力の社会をつくるには生物愛護の精神が不可欠である。ガンディーはアヒンサーの教義の信奉者として、生涯にわたって菜食主義を続けた。戸田会長も「生物を殺す事を好まない[7]」性格であり、生き物を愛する人であった。

しかしながら彼らには、現代のエコファシストのごとく、人権を抑圧してまで動植物の権利を主張することがなかった。むしろ宇宙の慈悲に感謝しつつ動植物を食し、自らも慈悲の実践、アヒンサーの実践に生きるところに人間独特の素晴らしさがある、と考えたようである。両者に共通するのは「不殺生の心」である。

人間が生存のために動植物を食べることは、ガンディーの意見では「肉体をもつすべての生命にもともと存在するもの[8]」であり、いわば自然の法則とされる。戸田会長も同様の意見であり、「(食物としての)大根はわれわれに慈悲を行ない、われわれの死んだ肉体や排泄物《はいせつぶつ》は植物に慈悲をほどこしているのです。宇宙いっさいが南無妙法蓮華経の当体で、すべて慈悲の行ないであります[9]」などと述べている。つまり、生物が人間の食物となるのは人間の命を助ける慈悲の行為であり、すべての存在が相互に助け合う慈悲の姿を示している、と言うのである。

もちろん、利己的な人間が他の生物を犠牲にして繁栄するのは宇宙の慈悲の姿でも何でもなかろう。地球上の生物の相互扶助が本当に慈悲の行いとなるためには、万物の長たる人間が「不殺生の心」に立つことが大前提となる。

道徳的な肉食者は非道徳的な菜食主義者に勝る、とはガンディーの至言である。(10) こうしたアヒンサーの思想は、現代文明におけるエコセントリズムとヒューマニズムの対立を解決する可能性を秘めており、環境倫理の面からも注目すべきではないだろうか。

3　人間革命から社会変革へ

社会変革の方法に関しても、二人は同じ見解を持っていたように見受けられる。つまり、両者は共に、民衆一人一人の精神的向上、戸田会長の言う「人間革命」を通じた社会の漸進的《ぜんしんてき》な改良を望んでいたように思われる。

といっても、考え方が宗教的だったから社会制度の意義を軽視した、というわけではないだろう。ガンディーと戸田会長は民主主義の熱烈な支持者であった。そのうえで、人間革命なくして真の民主主義はない、と強く訴えたのである。

真の民主主義とは暴力のない民主主義である。フランス革命、ロシア革命など、およそ暴力を用いた革命は民主主義の理想を実現できなかった、とガンディーは述べている。「民主主義のための戦い」と称してナチズムと戦ったイギリスに対しても、ガンディーは否定的であった。「人間のための民主主義」が「民主主義のための人間」に逆転し、その本末転倒が暴力を正当化している――ガンディーはそこに問題の根を見出したと言える。

民主主義が人間を手段化するイデオロギーにならないためには、イデオロギーの次元を超《こ》える宗教の役割がもっと重視されるべきだろう。ただ、その宗教は、人間それ自体に最高の聖なる価値を認めるものでなくてはならない。すなわち今日、創価学会の池田大作第三代会長が提唱する「人間のための宗教」「人間主義の宗教」が求められる。人間を決して手段化しない宗教は非暴力の宗教である。そして、この非暴力の宗教によって人間革命された民衆がつくり上げる民主主義こそ、暴力のない、本物の民主主義であると言ってよい。

それはまた、個人の生活を犠牲にせずに社会全体、ひいては人類の繁栄を実現しようとする理想主義的な共生主義でもあるだろう。戸田会長の次の言葉は、この主義を簡潔に表現している。「世界の民衆が、喜んでいける社会の繁栄のなかに、各個人もまた、喜んで生きていけなければなるまい。それが、王仏冥合《おうぶつみょうごう》の精神である」(11)。ガンディーが「社会主義《ソシャリズム》というのは美しい言葉である」(12)と言ったのも、これと同じ意味だろうと私は考えている。

全人類が喜び栄える社会、ガンディーと戸田会長にとって、これは空想というより信仰の目標だったと思われる。ガンディーは言っている。「真の社会主義は最初の改宗者をもって始まる」(13)と。

その最初の一人の改宗者として、ガンディーと戸田会長は社会変革に挑戦した。一人の人間革命が社会を変革して人類全体にも繁栄をもたらす、という信念を、彼らは現実に証明しようとしたわけである。

4 獄中闘争

周知のように、ガンディーはたびたび投獄された。インド独立を目指す彼の不服従の運動が、イギリスの帝国主義と対立した結果であった。第二次世界大戦中、ガンディーが牢獄《ろうごく》にいた時に、戸田会長（当時は創価教育学会理事長）もまた日本の帝国主義と戦い、師の牧口常三郎会長（創価教育学会初代会長）とともに獄中にいた。

戸田会長が逮捕されたのは、表向きは宗教上の理由だったが、本質は国家権力を超越し、日本の軍国主義に反対したためであった。牧口初代会長と戸田第二代会長は、軍部政府が国民に「滅私奉公」を強要することに反対し、「自分もみんなも共に幸福にならうといふのが本当である」(14)と主張し続けた。先にも述べたとおり、戸田会長の信仰の目的は全人類が栄える世界の構築にあった。全人類が一人ももれなく幸福になるべきだ、と説く日蓮仏法は、徹底した反ナショナリズムの宗教である。戸田会長の言葉を借りれば、日蓮仏法は「地球民族主義」を支持する。だから戦争中、牧口初代会長と戸田第二代会長が日蓮仏法を掲げて弾圧されたのは、日本の軍国主義が引き起こした戦争に反対して弾圧されたのと同じことになる。

このように、ガンディーも戸田会長も、二十世紀前半の帝国主義の横暴に反対し、国家権力の弾圧を受けて投獄された。しかしその悲劇は、彼らに敗北感ではなく、信仰の歓喜をもたらす。ガンディーは言った。「わたしは、牢獄の四つの固い壁の中に閉じ込められたとき、自由のかがやかしいよろこびを見出したのです[15]」と。戸田会長も同じ体験をしている。獄中で祈りの唱題を重ねる中、戸田会長は自らが法華経の「地涌の菩薩」であることを自覚し、歓喜の波に襲われ、感涙にむせんだという。

そしてこの信仰の歓喜は、二人に世界平和への強靱《きょうじん》な使命感を与えた。ガンディーは「神の器」となり、戸田会長は「仏の使」たることを自覚し、牢を出た。ガンディーはヒンドゥー教徒であり、戸田会長は仏教徒である。これらはインドで誕生した多神教だが、多神教には一神教と違って宗教的情熱に欠ける面があると言われている。寛容で非暴力的である半面、非寛容や暴力に立ち向かう正義感が足りない、というわけである。ところがガンディーと戸田会長は、多神教的な非暴力の教えを奉じながらも、一神教的な使命感を持って闘争を続けた。ここに、静かな非暴力でもなければ、激しい暴力闘争でもない、彼ら独特の非暴力闘争が生まれたと言えるだろう。

牢獄は、ガンディーと戸田会長を「非暴力の使徒」に変えた。それが二人の非暴力闘争の原点になったのではないか、と私は思う。

以上、四点にわたって「ガンディーと戸田城聖をつなぐもの」を論じてきた。最後に、ガンディーと戸田会長の思想の文明論的な意義にも触れておきたい。二人は、世俗化された近代の倫理の限界を指摘し、永遠の生命観に立脚した倫理をもって科学文明を導こうとした。彼らが説いたのは、近代以前への回帰ではなく、近代の科学をリードする宗教の倫理であった。それ以外に、原水爆の脅威から人類を守り、真の世界平和を打ち立てる方法はない、としたのである。ガンディーと戸田会長は、宗教と科学が調和した文明、愛と理性が融合した人間性の開花を目指した思想家・実践家として、人類史にその名をとどめることになるだろう。

ここで二人の宗教観を端的に物語る言葉を紹介し、この小論を終わろうと思う。

「世俗的な問題に非暴力を実践してこそ、その真価を知ることができる。それは、天国を地上にひきおろすことである」[16]——ガンディー

「科学を指導する宗教というものは、永遠に変わらぬ真実の哲学を持たなくてはならない。それ

は現世のみを対象とした人間的な倫理や道徳観であってはならない」[17]――戸田城聖

注

(1)マハトマ・ガンディー『わたしの非暴力2』森本達雄訳、みすず書房、一九九七年、一一三頁。
(2)『戸田城聖全集』第一巻、聖教新聞社、一九八一年、三〇五頁。
(3)マハトマ・ガンディー『わたしの非暴力1』森本達雄訳、みすず書房、一九九七年、六頁。
(4)『戸田城聖全集』第四巻、聖教新聞社、一九八四年、九一頁。
(5)前掲書、森本訳『わたしの非暴力1』二〇五～二〇六頁。
(6)『戸田城聖全集』第七巻、聖教新聞社、一九八七年、六六一頁。
(7)『戸田城聖全集』第四巻、和光社、一九六五年、五六一頁。
(8)前掲書、森本訳『わたしの非暴力2』一四二頁。
(9)前掲書、『戸田城聖全集』第四巻、和光社、一三六頁。
(10)前掲書、森本訳『わたしの非暴力1』一三四頁。
(11)前掲書、『戸田城聖全集』第一巻、二五三頁。
(12)前掲書、森本訳『わたしの非暴力2』二六一頁。

(13)同前、二六二頁。
(14)『牧口常三郎全集』第一〇巻、第三文明社、一九八七年、八頁。
(15)前掲書、森本訳『わたしの非暴力1』一二六頁。
(16)前掲書、森本訳『わたしの非暴力2』四一頁。
(17)前掲書、『戸田城聖全集』第一巻、二二頁。

第八章
日蓮仏法とＳＧＩの非暴力主義

はじめに

本章では、創価学会インタナショナル（ＳＧＩ）の非暴力主義について論ずる。あわせてＳＧＩの人権観にも言及したい。検討すべき課題は二つある。一つは、ＳＧＩが立脚する日蓮仏法の非暴力主義についての解明であり、もう一つは、ＳＧＩの非暴力主義とガンディー主義、あるいは他の仏教者の非暴力主義との比較である。この二つの課題に対する考察は、ＳＧＩの非暴力主義を正しく理解するうえで不可欠であると言えよう。

1　「不軽菩薩」から人間尊敬の非暴力闘争へ

仏教の説く真理とは何か。この問題は数千年にも及ぶ仏教史の歩みの中で様々に論議され、アジア各国では数多くの仏教宗派が発生した。日蓮は、大乗仏教が栄えていた十三世紀の日本に生まれ、仏教の真理をめぐって諸宗が乱立している状況に強い疑問を抱き、その究明を目指して出家したと言われる。彼は十数年間にわたって、仏教研究の最高機関だった比叡山の寺院を中心に各地で仏教を学び、当時の日本では最高レベルの仏教的教養を身につけた。最終的に日蓮は、大乗経典の『法華経』にこそ釈尊の真意が込められている、と確信するに至った。そして、三十二歳から六十一歳までの約三十年間、幾多の過酷な迫害にも屈せずに、『法華経』の教えの流布に生涯を捧《ささ》げたのである。

日蓮は『法華経』を最高の仏典と見なす有力な根拠として、中国天台宗の智顗《ちぎ》のものとされる教判論を用いた。今日の実証主義的な仏教学において、こうした教判論は信憑性《しんぴょうせい》を失いつつある。しかし日蓮は、当時の教判論だけでなく思想内容の面からも『法華経』の至上性を信じていたと思われる。「法華経と申すは一切衆生を仏になす秘術まします御経なり」(1)（『法蓮抄』）と彼は言う。日蓮が『法華経』に究極の真理があると感じたのは、「一切衆生を仏になす」思想をそこに見出《みいだ》したからであろう。そして、極悪人すら最も尊い仏になりうる、とする『法華経』の思想は、いかなる人間をも尊敬する宗教倫理を生み出す。

　人間尊敬の宗教倫理は、『法華経』の「常不軽菩薩品《じょうふきょうぼさつほん》」の中に顕著に表われている。遠い昔、仏の正しい教えが見失われ、慢心の僧侶が多く存在した時代に、常不軽という名の菩薩僧が出現した。この不軽菩薩は、経典を読誦するのではなく、ただ、あらゆる人に向かって礼拝し讃嘆《さんたん》の言葉を繰り返した。礼拝讃嘆の際、不軽菩薩は次のように述べたという。「われ深く汝等《なんじら》を敬《うやも》う。敢《あ》えて軽《かろし》め慢《あなど》らず。所以は何《いか》ん。汝等は皆菩薩の道《どう》を行じて、当《まさ》に仏と作《な》ることを得べければなり[2]」――。ところが不軽菩薩の礼拝を受けた人の中には、怒り出し、悪口を浴びせ、杖《つえ》や棒で不軽菩薩を打ちすえたり、石を投げつけたりする者が出た。これに対して不軽菩薩は、怒りの心を起こさず、暴力的攻撃を機敏にかわしつつ、なお「われ敢えて汝等を軽しめず。汝等は皆当に仏と作るべし[3]」と高らかに唱え、礼拝を続けた。やがて不軽菩薩の命が終わろうとする時、彼は虚《こ》空《くう》の中で『法華経』の厖大《ぼうだい》な言葉を聞き、ことごとく信受して六根清浄《ろっこんしょうじょう》の功徳を得た。その不軽菩薩の荘厳な姿を見て、かつて彼を迫害した僧尼や在家の人々は皆、不軽菩薩の信奉者となったとされる。釈尊は同品の中で、不軽菩薩がじつは過去世の自分であったことを明かしている[4]。

　日蓮がこの不軽菩薩の実践から読みとったことは、人間尊敬の倫理観に基づく非暴力闘争である。それは、現代のＳＧＩ運動の重要な実践理念となっている。日蓮は『崇峻《すしゅん》天皇御書』を書し、ある信徒に対して「一代の肝心は法華経・法華経の修行の肝心は不軽品にて候なり、不軽菩薩の人を敬いしは・いかなる事ぞ教主釈尊の出世の本懐は人の振舞にて候けるぞ(5)」と指導した。『法華経』の実践の根幹は人間尊敬の行動にある、と日蓮はここに明記している。万人を潜在的な「仏」と見るならば、人間を軽んじ傷つけるような行為は、本質的に「仏」を軽蔑し損なうことにつながる。

日蓮教団は、常に敵対勢力の不法な暴力にさらされ続けた。日蓮の言によれば、不当な暴力によって何百人もの弟子たちを殺され、日蓮自身も襲撃に遭って負傷したという。後に彼は逮捕され、処刑寸前まで追い詰められている。日蓮教団は、力ずくで社会から抹殺《まっさつ》されかけた。そのような危機的状況を潜《くぐ》り抜けてきた日蓮が、執拗《しつよう》な暴力的攻撃を受けても人間尊敬の信念を放棄しなかった不軽菩薩を修行の模範とすべきである、と弟子や信者たちに教示したのである。事実、日蓮とその信奉者たちは、武力による敵対者への報復を一度も行っていない。日本において、日蓮は戦闘的、闘争的に『法華経』を広めようとした人物として知られる。しかし彼の闘争は、どこまでも平和的、非暴力的な闘争であった。そのゆえんは、日蓮が『法華経』を人間尊敬の経典と見なし、熱烈な法華経信仰を通じて自ら不軽菩薩の後継者たらんとしたからである。M・ガンディーも言うように、信仰なくして非暴力という命がけの勇気は持てない。

SGIは、不軽菩薩から日蓮へと継承された、人間尊敬の非暴力闘争の道を世界に大きく広げようと努力を重ねている。万人を潜在的な仏として礼拝し讃嘆した不軽菩薩の実践は、もとより宗教やイデオロギーを超《こ》えた人間尊敬の立場に立つ。日蓮も、よく宗派意識が強かったなどと言われるが、実際には「あだをなす念仏者・禅宗・真言師等をも並びに国主等をもたすけん」[6]（『高橋入道殿御返事』）と述べるなど、自分を迫害した他宗の僧や政治家すら救済しようと願った真正の博愛主義者であった。したがってSGIでは、宗教や思想の差異には一切こだわらず、全人類の生命が至上の価値を持つとして尊敬する立場を表明している。一九九五年に制定された、「SGI憲章」の前文中には「日蓮大聖人の仏法は、人間生命の限りなき尊厳性を説き、すべての人を包含する慈悲といかなる困難をも克服する智慧《ちえ》をもたらす法である」[7]との表現が盛り込まれている。池田SGI会長による世界の知識人との対話や民間外交の推進は、仏教者の人間尊厳観に根ざした脱イデオロギー的な実践に他ならない。

東西冷戦の渦中、池田会長は中国、旧ソ連と社会主義国を相次いで訪問し、友好を深めた。大胆な行動に対して、「なぜ、仏法者が宗教敵視の国へ行くのか」との疑問の声が内外からあがった。それに対し、彼は「そこに人間がいるからです」と答えたという。人間尊敬の信念を掲げ、思想信条の違いを超える仏教のヒューマニズムを訴え続けてきた池田会長は、不軽菩薩の実践を現代に蘇《よみがえ》らせたと言ってもよい。不軽菩薩は、経典の読誦ではなく、ただ人間への礼拝をもって人間尊敬の実践を行った。同じように、池田会長は仏教を前面に立てず、「人間」を信ずる誠実な対話を繰り広げている。

2　暴力に対する敵対心の肯定

次に、以上のような人間生命の尊厳観に根ざした、日蓮仏法者の非暴力闘争の特徴について説明していく。エンゲージド・ブディズム（Engaged Buddhism）の提唱者であるティク・ナット・ハン（Thich Nhat Hanh）は、ベトナム戦争中、彼と共に奉仕活動に従事した多くの同志を殺される、という悲劇に見舞われた。けれども彼は、人々に対し「あなたが暴力のせいで死ぬとしても、自分を殺した人を許せるように哀れみについて瞑想《めいそう》しなければならない」(8)と訴えてやまない。またティク・ナット・ハンと並び、現代仏教界の平和運動家として知られるダライ・ラマ十四世も、怒りの心を捨てることの重要性を常に説いている。彼らは、不当な暴力を受けた際、自然に起きてくる敵対心すら抑圧するところに仏教の平和主義がある、と考えている。

こうした感情抑圧の立場とは異なり、日蓮仏法は民衆を苦しめるものに対して遠慮なく怒りを顕《あらわ》にする。彼の主著である『立正安国論』の冒頭では、自然災害の頻発《ひんぱつ》、食糧危機、疫病の蔓延《まんえん》といった当時の日本社会の状況が描写された後、日蓮自身の心情が「独《ひと》り此の事を愁《うれ》いて胸臆《くおく》に

「憤悱す」と万感込めて記されている。日蓮は、環境世界の乱れが人間の心の濁りと不可分な関係にあると仏教的に洞察し、人々の心の濁《にご》りは根底的には人間の尊厳や生きる力を否定する悪《あ》しき宗教への信仰から来ている、と判断した。それゆえ日蓮は、人間を本質的に蔑視する仏教思想の提唱者たちに義憤の矛先を向け、彼らと戦うことで災難という暴力的なものを根底からなくそうとしたのである。

もっとも、日蓮における「怒り」は決して直情的な敵対心の爆発ではなかった。なぜならば、日蓮の怒りは「憎しみ」ではなく「慈悲」の感情と不可分に結びついていたからである。日蓮は、自分の過激な諸宗批判が「修羅道」にあたるかどうかを仏教的に内省した末に、「我が父母を人の殺さんに父母につげざるべしや、悪子の酔狂《すいきょう》して父母を殺すをせい（制）せざるべしや(10)」（『開目抄』）等々と結論している。日蓮の怒りは、一切衆生を自己の父母と見なし、その救済を願う切迫した心情から来る、慈悲のゆえの怒りであった。そのような日蓮の折伏は排他的行動ではなく、かえって諸宗の反人間的な思想性を告発する行為だったと言うべきであろう。

パレスチナ系アメリカ人学者のE・サイードは、二〇〇〇年に行われたイスラエルの日刊紙でのインタビューにおいて、憎しみよりも怒りのほうがずっと建設的な感情であると述べたという。民衆を苦しめる悪に対する怒りは、それが激しければ激しいほど慈悲に満ちた、建設的な道徳の力となる。

特に今日、法的、経済的なシステムの中に巧妙に隠されている構造的な差別や暴力に対する怒りは非常に重要である。現代の仏教者も、慈悲の理念を「心の平和」のレベルにとどめず、「社会の平和」や「環境の平和」へと展開していくならば、人間の怒りの社会的意義について考えざるを得ないだろう。SGIは、暴力に対する敵対心を肯定し、社会正義の実現に寄与しうる、慈悲のゆえの怒りを積極的に評価する仏教団体である。池田SGI会長は、『正義の怒り』のすさまじさは、卓越した人間に共通している」と指摘し、三代の会長にわたる反軍国主義と民衆救済の闘争も、そうした「正義の怒り」を原動力にしてきたと語っている[11]。

3　言論戦としての戦闘的非暴力

E・H・エリクソン著『ガンディーの真理』では、ガンディーの非暴力闘争のあり方が「戦闘的非暴力」という言葉で表現される。有名な「塩の行進」を見てもわかるとおり、ガンディーの非暴力的な直接行動は、不服従行動を通じた戦闘的な政治的対決だった。ガンディーは、「全身全霊をもって圧制者の意志に抗すること」を意味する「行動的な非暴力」の必要性を訴えた[12]。「非暴力の方法は、どんな形をとるにしても、受動的な無気力な方法ではありません。それは本質的には、血なまぐさい武器の使用を伴う運動などよりもはるかに積極的なものです」[13]と、彼は述べている。

ガンディーの戦闘的非暴力は、政治権力の迫害と戦い抜いた日蓮の非暴力闘争と、二重写しになってわれわれに迫ってくる。先に述べたように、『法華経』は人間を至高の存在として尊敬する経典である。ゆえに『法華経』による救済を否定する類《たぐ》いの仏教は、日蓮仏法者の目には、人間の尊厳を認めない反人間主義的な宗教として映る。日蓮は時の為政者に対し、『法華経』を排斥する仏教者、すなわち人間を本質的に蔑視する宗教者との公開討論を強く求めた。だが、日蓮は政教未分化の中世社会にあって、政治権力者に取り入った他宗の僧らから苛烈な暴力的迫害を受けた。日蓮と門下たちは何度も暗殺の危険にさらされ、事実無根のデマを流されて逮捕され、日蓮自身は二度の流罪を経験したうえに、斬首のため処刑場へ連行された。また、殺された彼の弟子の数は相当数にのぼったという。

これらの政治的弾圧や私的暴力に対し、日蓮とその門下は暴力的報復を一切行わず、あくまで言論という非暴力的手段によって抵抗しようとした。日蓮は、自分を最も迫害した政治権力者と対面した際、「王地に生れたれば身をば随《したが》えられたてまつるやうなりとも心をば随えられたてまつるべからず」[14]（『撰時抄』）と言い放ったという。戦闘的非暴力主義者としての面目躍如たるエピソードである。こう見てくると、現代において、ガンディー主義者と日蓮仏法者とは、世界平和を目指すうえで、戦闘的非暴力の同志となるべく運命づけられているように思われる。

ところで、宗教や哲学のごとく、人間観や世界観、生死観にかかわる思想は、人間の無意識の深層にまで浸透し、人々の社会的行動を決定づける根本的要因となる場合が多い。この意味から言えば、人間の社会的行動の善悪よりも、無意識次元を含めて人間の精神を形成する思想の善悪こそが、本質的な問題となろう。よかれ悪しかれ、人間は、思想を基に思考し、思考を基に行動する動物である。ゆえに、現代の日蓮仏法者は、政治的な反戦デモなどの直接行動を状況によって行うものの、第一義的には様々な悪の根底にある思想の歪《ゆが》みを突き止め、言論を通じてそれと対決することに意を注ぐのである。

創価教育学会の牧口初代会長は、日本の軍国主義を支える倫理であった滅私奉公の思想を強く否定し、軍部政府に非暴力の言論戦を挑んだ。その結果、彼は逮捕され、獄死している。また戸田城聖・第二代会長は、一九五七年、多くの青年たちを前にして、「核あるいは原子爆弾の実験禁止運動が、今、世界に起こっているが、私はその奥に隠されているところの爪をもぎ取りたいと思う。それは、もし原水爆を、いずこの国であろうと、それが勝っても負けても、それを使用したものは、ことごとく死刑にすべきである」[15]などと述べた。戸田はここで、原水爆を戦争に使用した者を極刑に処すべきことを主張している。だが、戸田は仏教者として熱心な死刑反対論者であり、戸田の後継者となった池田会長は、この戸田発言の真意を「彼の眼目は、一言《いちごん》すれば、原水爆を使用し、人類の生存の権利を奪うことは、『絶対悪』であると断ずる思想の確立にあった(16)」と解説している。すなわち池田会長は、原水爆禁止の問題に関して、それを使用しようとする権力者を抹殺するのではなく、その権力者が有する極度の反人間主義を思想的次元で断罪すべきだと考えるのである。このように、SGIは『法華経』と日蓮仏法に基づき、あくまで言論戦としての戦闘的非暴力の立場をとっている。

4　教育的非暴力の重視

さらに現在のSGIでは、友好的対話を基調とする非暴力主義を前面に掲げている。私は試みに、これを「教育的非暴力」と呼んでみたい。教育的非暴力は、対話や文書による説得を通じ、教育的に相手を改心させていく非暴力の闘争をいう。日蓮が平和を願って時の為政者に提出した『立正安国論』は、日蓮を意味する「主人」と為政者を意味する「客」とが対話を行う、という設定で論を展開している。そこには、政治家の心情に沿って仏教思想の重要性と正邪を教え、最終的には対面による説得を期そうとする、日蓮の教育的な深謀遠慮が随所に感じとられる。人間に対して寛容な日蓮仏法は、本来、対話による相手の自発的な改心を重んずる教育的な宗教である。それゆえ現代のＳＧＩも、池田会長を中心に、イデオロギーや政治体制の差異を超えて世界のあらゆる立場の人々と友情の絆を結び、誠実な対話を通じて日蓮仏法の人間主義に対する理解の輪を広げている。そうした努力が実を結び、池田会長に対しては、世界中の様々な大学から数百に及ぶ名誉教授・名誉博士号の授与がなされ、また世界の多くの州や市などからも名誉市民の称号が贈られている。ＳＧＩによる、教育的非暴力としての様々なレベルでの対話や文化交流の推進は、過去にまったく類例を見ない、世界平和への新たなアプローチであると言えよう。

今日、日本以外の世界各国では、ＳＧＩが掲げる、人間尊敬の宗教としての日蓮仏法を知悉《ちしつ》したうえで誹謗《ひぼう》中傷を行う人々など、ほとんど存在しない。また宗教的テロリストのごとく、極端な反人間的な思想に固執する者も、日蓮仏法者が戦闘的非暴力によって戦う対象となりうるが、そうした暴徒の存在も極めて特殊である。したがってＳＧＩのメンバーが、戦闘的態度で反人間的な思想の提唱者と論争する機会は、日常的には稀《まれ》であろう。むしろ彼らは、いかなる思想や宗教を持った人間に対しても、尊敬と慈愛の態度をもって接するに違いない。その際、万人を未来の仏として尊敬する日蓮仏法者は、必然的に教育的非暴力の実践に向かう。かくして現代のＳＧＩは、教育的非暴力の実践に力を注ぎ、人類の幸福のために弛《たゆ》まぬ努力を続けている。

なお付言しておけば、教育的非暴力と戦闘的非暴力とは、何も別種の非暴力的実践ではない。教育的非暴力は、悪思想とのソフトな戦闘と言える。また戦闘的非暴力は、敵を愛しつつ戦闘的に対決することであり、奥底には教育的意図を隠し持っている。したがって戦闘的非暴力を実践したガンディーは、同時に教育的非暴力の人でもあった。ガンディーは第二次世界大戦が始まった後、連合国側のイギリスの政治家たちと枢軸国側のドイツのアドルフ・ヒトラーとの双方に宛てて手紙を認《したた》めた。それらは、非暴力による戦争放棄を訴える内容だった。注目されるのは、どちらの手紙の論調も、対決的というより説得的なものだったことである。「すべてのイギリス人に」と題する彼の手紙には、「わたしのあなたがたへの愛はいまも衰えてはいません」「貴国の政治家たちが、わたしの呼びかけに応える叡智《えいち》と勇気をもっていられますように」といった説得調の諸表現が散見される。また、ヒトラー宛ての手紙も「親愛なる友」という書き出しで始まり、「あなたが、あなたの敵たちの言うような怪物だとは考えていません」「ひとときの平和のために努力をしてくださるようあなたにお願いする」（傍点原著）などと述べられ、最後は「あなたの誠実な友　M・K・ガンディー」という言葉で終わっている。同様な手紙を、ガンディーは中国への侵略を進める日本人に宛てても書き、公開している。(17) このように、ガンディーの非暴力主義にも、戦闘的非暴力と教育的非暴力の両面が見てとれる。だが彼の場合は、教育的非暴力よりも戦闘的非暴力のほうを前面に立てたというべきであろう。

5 「自衛」の是認と「正義の戦争（just war）」の否認

ところで、ＳＧＩの非暴力主義は、すべての戦争を否定する「絶対平和主義（pacifism）」をとるのだろうか。まず指摘したいのは、ＳＧＩが信仰する日蓮仏法はいかなる戦争も正当化しない、ということである。日蓮仏法において、戦争とは恐るべき苦しみの原因であり、また仏法上の悪の結果でもある。仏教者として、不殺生戒《ふせっしょうかい》を重んじた日蓮は「有情の第一の財は命にすぎず此れを奪う者は必ず三途に堕《お》つ」[18]（『主君耳入此法門免与同罪事』）と述べ、あらゆる生物の「第一の財」である生命を奪う悪業《あくごう》を積めば、必ず地獄・畜生・餓鬼の苦しみの世界に堕ちる、と説き示した。また日蓮によれば、戦争は宇宙を統《す》べる根源的真理（正法）に背《そむ》いた報《むく》いとしての災難であり、いわゆる「法罰」に他ならなかった。こうしたことから、日蓮は戦争を本質的に罪悪視し、宗教者の立場から戦争の防止や回避のための為政者への諫言《かんげん》を幾度となく繰り返した。池田ＳＧＩ会長が著した長編小説『人間革命』は、「戦争ほど、残酷なものはない。戦争ほど、悲惨なものはない」[19]という言葉で始まる。それは、池田会長自身の戦争被害の体験に基づく強い反戦感情の表れであるとともに、戦争という大なる罪悪の根絶を目指す日蓮仏法の立場を闡明《せんめい》したものと言えよう。

しかしながら問題は、他国から一方的な攻撃を加えられた場合、自国民の生命の安全を守るための武力行使をどう考えるか、ということである。すべての人間は無上の尊厳性を有する、と日蓮仏法では教える。ゆえに日蓮仏法者は、何よりも非暴力的な方法をとり、戦争回避に全力を傾けなければならない。そのうえで、どうしても自衛のための武力行使が避けられない状況になった時、論理的にはそれが是認されることになろう。日蓮仏法者は、いかに悪辣《あくらつ》な侵害者であろうとその生命を深く尊重するが、同時に侵害される人々の生命をも等しく尊重すべきである。もし侵害者の殺害行為に対して無抵抗の犠牲を仏教で義務づけるとしたら、侵害者のほうが犠牲者よりも高い生命価値を持つという、おかしな理屈になる。日蓮自身、武装勢力の急襲を受けた時には、彼の弟子たちがやむなく武器を執《と》って敵と戦い、日蓮の命を守っている。文献学的に信頼できる日蓮の諸文書を見る限り、彼が門下の僧俗に無抵抗主義を指示した形跡はない。また日蓮は、「立正安国」を可能にする仏法の力によって蒙古による侵略戦争を未然に防ごうと、命の危険を覚悟して日本の国主への諫暁《かんぎょう》を企《くわだ》てた。だが、実際に蒙古が襲来した折には、日本の武力的防衛に関して特に反対の声をあげていない。

そう考えると、現代の日蓮仏法者は、すべての人間の無上の尊厳性を信ずる立場から、他国からの侵略を受けた場合の国家の自衛権を認めてもよいだろう。もちろん、それは武力行使の回避を祈り、「立正安国」の実践に懸命に努力した末での苦渋の選択としての承認となる。また、戦争は本質的に罪悪である、と考える日蓮仏法の信仰者は、自衛戦争をいかなる意味でも「正義の戦争」と呼ぶべきではない。日蓮仏法者にとって、自衛戦争とは「より少ない災禍（less evil）」として消極的に是認される行為でなくてはならない。

ここで、日蓮仏法の立場が「正義の戦争」を否認することを、別の角度からも考えておこう。仏教者は、災難の根本原因を自己のカルマ（karma）に求める。ゆえに侵略戦争に遭遇した際には、侵略者を憎むよりも自己反省を優先させることになる。ただし、一般的な仏教のごとく、今生《こんじょう》で悪の侵略者のカルマの転換を不可能と考えるならば、この自己反省は現実へのあきらめとなり、悪の侵略者を増長させることにつながる。対するに、日蓮仏法では、強い信仰によってカルマの即時的転換が可能であると説く。そこからは、自己の内面のカルマを見つめる自己反省の態度とともに、カルマの転換を証明すべく、現実世界の変革に責任を持とうとする政治的主体者意識が生ずるであろう。日蓮の生きた時代、日本は蒙古の侵略を受けた。日蓮は、日本に上陸した蒙古の軍隊がどれほど残虐な行為を働いたかについて、詳細に書き残している。それは、現代風に言えば、侵略国の武装兵が多くの民間人を虐殺した模様の記録である。普通の人間であれば、侵略者の非道に対して激しい憎悪の念に駆られるはずであろう。ところが日蓮は、大虐殺を行った侵略者の蒙古軍を感情的に憎まず、むしろ自国の仏教上の悪を反省せよ、と暗に説いている。もとよりそれは、カルマの報いに従って侵略を受け入れよ、といったあきらめの意味ではなかった。正しい仏法への信仰によって悪のカルマを善のカルマへと転換するならば、他国の侵略を受けることなどなくなる——日蓮はそう信じ、為政者に向かって「立正安国」による蒙古問題の解決を強く進言したのである。

かくのごとく、日蓮仏法は、自己反省から始まるカルマの即時的転換のための信仰を通じ、戦争の現実を平和に変えていけると考える。カルマの転換から現実変革へと至る、このプロセスの中で、他国の侵略に対する自衛行為は消極的に是認されるが、自己反省の態度を前提とする限り、それが「正義の戦争」と見なされることはない。前述の小説『人間革命』の主題は、「一人の人間における偉大な人間革命は、やがて一国の宿命の転換をも成し遂げ、さらに全人類の宿命の転換をも可能にする」[20]というものである。池田会長は、平凡な人間が今生でカルマの根本的転換を成し遂げることを「人間革命」と呼び、その影響が国家から全人類へと波及し、ついには戦争なき恒久平和の世界が実現できる、との固い信念を持ってSGI運動を推進している。今生でのカルマの根本的転換を掲げる日蓮仏法は、これまでにない、新しいタイプの仏教とも言えよう。日蓮仏法に思想基盤を置くSGI運動の世界的広がりは、仏教者の平和運動に関する従来の一般的認識を一変させる可能性を秘めている。

6　戦う宗教多元主義

一九九三年にハーバード大学のS・ハンチントンが冷戦後の政策を考えるうえで戦略論的観点から警告した「文明の衝突」は、一面では世界各地における宗教紛争の頻発という形で現実化した。そして、アメリカにおける二〇〇一年九月の同時多発テロの発生以降、「宗教と平和」という問題をめぐる議論が活発に行われている。とりわけ、「宗教多元主義（religious pluralism）」の重要性は多くの人たちの間で指摘されている。宗教の多元主義とは自らの宗教と等しく他の諸宗教の意義も認める立場をいい、自らの宗教以外には救済の道を認めない「排他主義（exclusivism）」や、自らの宗教の絶対性を信じつつ他の諸宗教にも理解を示そうとする「包括主義（inclusivism）」から区別される。

SGI憲章は「SGIは仏法の寛容の精神を根本に、他の宗教を尊重して、人類の基本的問題について対話し、その解決のために協力していく」(21)と規定している。SGIが立脚する日蓮仏法では、『法華経』を最高の教えとし、仏教以外の諸宗教や『法華経』以外の仏教経典に関しては、『法華経』が説く究極かつ唯一の真理を部分的に表現したものと見なす。この他宗教理解のあり方は、一種の包括主義として分類されよう。確かに、SGI憲章が謳《うた》う「他の宗教を尊重して（respect other religions)」との文言は、包括主義的な文脈から理解が可能である。

しかしながら日蓮仏法には、現代の宗教多元主義に相通ずる面も多々見られる。第一に、すべての偉大な世界宗教が提唱する神や真理は唯一の究極的な「実在者（the Real）」の様々な表象である、とするJ・ヒック（John Hick）の宗教多元主義は、一元的な究極的実在を完全に把握した立場から諸宗教の真理把握を部分観として評価する日蓮仏法と、じつは宗教理解に関する思考法が同一である。第二に、ヒックは唯一絶対の宗教があるという想定から解放された、純粋な「真理の探究」のための宗教間対話を可能にするために宗教多元主義を提唱するが、日蓮仏法にあっても、究極かつ唯一の真理は常に公共的な議論の場に開かれている。日蓮は「智者に我義やぶられずば用いじとなり」（『開目抄』）[22]と述べ、自分の教義が他宗の「智者」によって破られる可能性を否定しなかった。自己が改宗する可能性を否定せずに、開かれた真理探究の議論を行う姿勢が日蓮にはあったのである。第三に、宗教多元主義者は諸宗教が互いに他から学び合うことを望んでいるが、日蓮も儒教の「孔子」を「聖人」と呼んでその振る舞いを賞賛するなど、他宗教の聖者たちから人間としての理想的な生き方を真摯《しんし》に学ぼうとしたことがうかがえる。

さて、このように多元主義的な諸特徴を有する日蓮仏法を、われわれは真に包括主義と呼びうるのだろうか。世界の主な諸宗教は一元論的な究極的実在を多様な方法で理解しようとしている、またこの前提に立ち、開かれた真理探究のための宗教間対話を行うべきである――こうしたヒックら宗教多元主義者の主張について、現代の日蓮仏法者はまったく同意見であろう。なるほど日蓮仏法者は、一元的な究極的実在を完全に把握した教義が日蓮の教えである、と信じている。しかし、究極的実在を完全に把握する宗教を信じて行動するからこそ、日蓮仏法者はそれを部分的に把握した宗教に対して寛容と尊重の態度を示せるのである。日蓮仏法には、一神教によく似た人格的救済者信仰や使徒の思想があり、多神教の神々を包摂する寛容性もある。また、熱烈な真理崇拝もあれば、仏性思想に基づく汎神論《はんしんろん》もある。日蓮仏法は極めて多面的な教義を持っている。ゆえに、いかなる宗教に対しても、その価値を認め、尊重することができる。もし、このように多面的な教義を背景にした日蓮仏法者の他宗教理解が包括主義的であると評されるならば、「多元主義的仮説」に立脚したヒックの一元論的な多元主義も「教義なき包括主義」と呼ばれて然るべきであろう。というより、やはり日蓮仏法のほうが、包括主義ではなく「特定の教義を信奉する宗教多元主義」と呼ばれるべきなのである。

そもそも日蓮仏法は、他宗教による救いを完全に否定していない。日蓮仏法には、「仏教已前《いぜん》は漢土の道士・月支の外道・儒教・四韋陀《しいだ》等を以て縁と為《な》して正見に入る者之れ有り」[23]（『観心本尊抄』）といった考え方もある。つまり、インドのバラモン教や中国の道教、儒教を通じて仏教上の「正見」にあたる境地に達した人々もいた、と日蓮は見ている。ここでいう「正見」が、特定の教義に裏づけられた日蓮仏法の悟りと同等の境地なのかどうかは判然としない。けれども、いずれにせよ、日蓮は現代の宗教多元主義者と同じく、他宗教による救いの可能性をはっきりと認めているのである。

日蓮仏法のように特定の教義を信奉する多元主義は、非寛容な宗教に対し、思想面から戦闘的に挑戦することができる、というメリットを持つだろう。本来ならば、宗教多元主義者は、他宗教を排斥する非寛容な宗教に反対し、その偏狭な教義を率先して否定しなければならない。ところがヒックのように、究極の実在を「仮説」として想定する多元主義者には教義的基盤がなく、非寛容な宗教を思想面で本格的に批判できないのである。したがって、宗教多元主義の広がりは、かえって非寛容で暴力的な宗教を野放しにすることにもつながりかねない。

究極的実在の完全な把握を放棄することは、必ずしも宗教的寛容への道ではない。むしろ、究極的実在の完全な把握を目指す議論を重視し、諸宗教の様々な真理観を尊重できる教義的多面性を持ち、不完全なゆえに非寛容な一部の宗教に対しては真理の全体像を求める立場から思想的に対決していける「戦う宗教多元主義者」が今、求められているのではなかろうか。

著名な歴史学者のA・トインビーは、池田会長との対談の中で〝究極の精神的実在は人間の知性では部分的にしか理解できないので、諸宗教の見解によって補い合い、「実在」に対する理解を深めていくべきだ〟と主張した。池田会長は、このトインビーの説に基本的に賛同しながらも、「それぞれの宗教がとらえているのは〝究極の実在〟の異なった部分なのです。仏法は〝空・仮・

中〟の三つの側面から、その全体像に迫ったものであるといえます[24]」と述べている。トインビーの宗教多元主義的な見解に対し、池田会長はその延長線上に仏法に基づく「特定の教義を信奉する宗教多元主義」を志向している。このような、真理の全体像に迫ろうとする宗教多元主義に立ち、ＳＧＩは長年にわたってキリスト教、イスラーム、ヒンドゥー教など、あらゆる世界宗教の指導者たちと宗教間対話を行ってきた。そして、戦う宗教多元主義の立場ゆえに、非道なテロなどを繰り返す宗教勢力に対しては、断固たる言論で応戦するであろう。

7 SGIの人権観

最後に、非暴力主義と密接にかかわる人権の問題について、ＳＧＩの見解を確認しておく。かつて池田ＳＧＩ会長は、日蓮の仏教を「人間のため、人類のため、人権のための宗教」と呼んだ。ここには様々な意味が含まれていようが、人権という観点から言えば、日蓮仏法はまさに「人権のための宗教」となりうるように思われる。その理由として、筆者は以下の四点を指摘したい。

第一に、日蓮仏法は、人間の高次の精神的欲求を実現させようとする。大乗仏教の仏性論は、あらゆる人間に対して仏となる可能性を認める思想であり、「人間の可能性を信ずる思想」とも言いうる。ここで言う人間の可能性とは、仏という最高の人格者となる可能性のことである。仏は、人間として自己実現の権利を最高度に行使した者とも言えよう。日蓮仏法は、最高の精神的価値を求める人間の権利を擁護するのである。

第二に、日蓮仏法は、「自他不二」を説き、自己の人権を他者の人権と不可分に結びつけようとする。仏教者の慈悲の行動は、自己の権利の最高度の行使であると同時に、他者の権利を最大限に尊重することでもある。不軽菩薩による万人礼拝の実践は、まさにその適例だろう。自己と他者が不可分である世界には、強圧的な人権ファシズムも、人間による自然支配の正当化も存在しない。自他不二を説く日蓮仏法は、ともすれば冷たい個人主義に陥《おちい》りがちな現代人の人権意識に「思いやり（sympathy）」の薫風《くんぷう》を送り込み、さらには自然を慈《いつく》しみ守ることこそ人間の至高の権利であるとも説く。これらは、仏教の「縁起」の思想とも深くかかわってくる。

第三に、日蓮仏法は、国家を超えたグローバルな人権観を強く支持する。仏教者の慈悲は、生きとし生けるもののすべてに及ぶ。それは、国家はもとより、人類や地球をも超えた宇宙大の広がりを持っている。『法華経』には「地涌《じゆ》の菩薩」の姿が描かれている。地涌の菩薩は、釈尊の呼びかけに応じて大地の底から踊るがごとく無数に出現し、『法華経』の弘通を誓願する菩薩群である。地涌の菩薩は宇宙的規模で登場し、その慈悲は地球上の全生物に向けられている。日蓮は、自らがこの地涌の菩薩であることを自覚し、中世の日本に生きながらも人類全体の救済を強く願い続けた。したがって、日蓮仏法における慈悲は、平和に生きる権利、よい環境で生きる権利、開発途上国が発展する権利など、いわゆる「第三世代の人権（third-generation human rights）」になじみやすい性格を持つと言える。また、地涌の菩薩が広大な大地より躍り出る姿勢からは自発能動の思想も引き出せよう。日蓮仏法は、人類の人権のため、能動的に行動する市民を育《はぐく》みうる宗教である。

第四に、日蓮仏法は、反人権勢力と積極的に戦う。その戦闘性は、もちろん、慈悲を根底にした非暴力主義をともなっている。従来、多くの仏教はこの意味での戦闘性に欠けていた。「戦い」を排斥する仏教は、反人権的な不正義に対してまで寛容になりがちである。アジアの仏教者たちが、西洋近代が生み出したような人権思想を持てなかった理由の一つは、彼らがおよそ慈悲の理想を社会正義の闘争と結びつけられなかったからではなかろうか。前述のごとく、日蓮は、慈悲のゆえの怒りを積極的に肯定し、反人間的な思想を広める宗教者に言論戦を挑んでいった。日蓮からこの「戦う慈悲」を継承したＳＧＩは、「人間の尊厳と自由と平等とを勝ち取る、人権の闘争」(25)を社会実践上の理念として掲げている。ＳＧＩの人々は、思いやりに溢《あふ》れた「人権の闘士」たることを目指し、世界各国で非暴力の人権闘争を推進している。

おわりに

ＳＧＩの非暴力主義は、『法華経』に説かれる不軽菩薩の後継者を自任した日蓮の実践を継承している。ＳＧＩは、不軽菩薩の実践に見られる人間尊敬の非暴力闘争を倫理的な模範と見る。そのうえで日蓮の教えや実践に基づき、建設的な正義の怒り、言論戦としての戦闘的非暴力、教育的非暴力、正戦論の否定、戦う宗教多元主義、といった思想的、実践的な立場を確立し、世界平和の実現と人類の人権の確立に寄与すべく、多面的な活動を推進しているのである。

私としては、ＳＧＩがどこまでも対話や言論を重視し、しかも教育的非暴力を中心とした活動を行っているところに、真に仏教的な非暴力主義者の姿を認めたいと思う。対話や言論による非暴力運動は非常に地味であり、即効性も期待できない。けれども、それは、人命を犠牲にする可能性が最も低い非暴力運動と言える。そして、誰人にも憎しみを抱かせないＳＧＩの教育的非暴力は、漸進《ぜんしん》主義的ではあるが、われわれの世界から戦争を根絶することを目指している。

もっとも、ＳＧＩが非暴力的な抗議行動に消極的な点を捉え、結局は現実の社会悪の傍観ではないか、と批判する人もいるだろう。ＳＧＩとしても、極めて切迫した人権侵害の事態においては強い抗議行動も辞さないはずである。ただ、ＳＧＩの「戦う宗教多元主義」は、どこまでも対話的である。そのうえで、池田会長は国連中心主義の立場から、軍縮・核廃絶・国際紛争の解決などに関する、具体的政策を提案し続けている。教育的非暴力の行動の一種と言える、こうした目に見える世界平和への取り組みは、ＳＧＩの非暴力主義が正しく理解されるうえで非常に重要であろう。

なお、ＳＧＩのメンバーは慈悲の菩薩道の精神に立脚し、言論活動を基盤としながら環境、福祉、災害救援等の諸分野においても積極的な行動を起こしている。このことは、いわゆる構造的暴力（structural violence）に対する非暴力主義的な挑戦であると考えられよう。

注

（1）堀日亨編『日蓮大聖人御書全集』（以下、『御書全集』と略す）創価学会、一九五二年、一〇四六頁。立正大学日蓮教学研究所編『昭和定本 日蓮聖人遺文』（以下、『昭和定本』と略す）身延山久遠寺、二〇〇〇年改訂増補版、九四四頁。

（2）坂本幸男・岩本裕訳注『法華経（下）』岩波文庫、一九六七年、一三二頁。

（3）同前、一三六頁。

（4）同前、一四〇頁。
（5）『御書全集』一一七四頁、『昭和定本』一三九七頁。
（6）『御書全集』一四六〇頁、『昭和定本』一〇八七頁。
（7）創価学会公式サイト「世界の創価学会・ＳＧＩ憲章」(https://www.sokanet.jp/sgi/sgi_kensho.html)〔二〇二〇年八月三日閲覧〕。
（8）ティク・ナット・ハン『あなたに平和が訪れる　禅的生活のすすめ――心が安らかになる「気づき」の呼吸法・歩行法・瞑想法』塩原通緒訳、アスペクト、二〇〇五年、一四三頁。
（9）『御書全集』一七頁、『昭和定本』二〇九頁。
（10）『御書全集』一二三七頁、『昭和定本』六〇八頁。
（11）『池田大作全集』第一一〇巻、聖教新聞社、二〇〇四年、四九頁。
（12）ガンディー『非暴力の精神と対話』森本達雄訳、第三文明社、二〇〇一年、二八頁。
（13）同前、三四頁。
（14）『御書全集』二八七頁、『昭和定本』一〇五三頁。
（15）『戸田城聖全集』第四巻、聖教新聞社、一九八四年、五六五頁。
（16）『池田大作全集』第一四九巻、聖教新聞社、二〇一三年、三五六頁。
（17）以上、前掲書、森本訳『非暴力の精神と対話』一〇二～一四三頁を参照。
（18）『御書全集』一一三二頁、『昭和定本』八三三頁。
（19）『池田大作全集』第一四四巻、聖教新聞社、二〇一二年、二一一頁。
（20）同前、一七～一八頁。

(21) 前掲サイト、「ＳＧＩ憲章」。
(22)『御書全集』二三二頁、『昭和定本』六〇一頁。
(23)『御書全集』二四二頁、『昭和定本』七〇六頁。
(24)『池田大作全集』第三巻、聖教新聞社、一九九一年、五二七頁。
(25)『池田大作全集』第一〇四巻、聖教新聞社、二〇〇〇年、二四六頁。

第九章
創価学会の死生観――死者はどこにいるのか

はじめに

冒頭から私事にわたって恐縮だが、筆者は昨年（＝二〇〇五年）、母を亡くした。母の場合は長年の闘病生活の後、ゆるやかに死が訪れた。それでも、この間まで会話をし、共に食事をしたりしていた母が徐々に衰弱し、意識不明となり、最後に呼吸が止まり、やがて冷たくなった時には、悲しみ、安堵感《あんどかん》、畏怖《いふ》の念、不思議さなどが入り混じった、何とも形容しがたい感情に襲われた。また、葬儀や四十九日が無事に終わると、駆け足で時が過ぎ、故人は次第に過去の人となっていく。この時期になると、死んだ母は今、いったいどこにいるのか、という思いがよく頭をかすめるようになった。

筆者は創価学会員の家に育ち、物心ついた頃から日蓮仏法を信奉してきた人間である。当然、日蓮大聖人の御書にその答えを求めようとした。そこで、改めて気づかされたのは、日蓮大聖人は死後の生命を主題とした論書を何も残されていない、ということであった。昭和定本の『日蓮聖人遺文』第三巻に『十王讃歎抄』という書がある。これは、死後の生命が十王の裁きを受けつつ冥土《めいど》の道を行く様子を詳細に綴《つづ》っているが、偽書説がある。日蓮大聖人の真書と見られる諸文書の中で、『十王讃歎抄』に匹敵するほど死後の生命について論じているものはなく、信徒に宛てた書簡等で、断片的に死後世界観が示される程度である。穿《うが》った見方をすれば、日蓮大聖人が本格的に死後生命論を展開しなかったから、後世の宗徒が『十王讃歎抄』を大聖人に仮託して作ったのではないか、とも思えるのである。

いずれにしろ、およそ現世を超《こ》えた信仰を持つからには、死後の生命に関する整理された教説が必要となる。現代の日蓮仏法を見ると、創価学会などは独自の死後生命論を持っている。ただ、そうした現代的視座に立った死後生命論が日蓮大聖人の死後世界観といかに関係づけられるのか、となると、不明な点がいくつか出てくる。筆者は本章において、かかる問題を意識しつつ、「死者はどこにいるのか」との人間の実存的な問いかけに対し、日蓮仏法の視点から現代的な考察を試みたいと思う。

1　死後の生命の在所

日蓮大聖人は死者の在所について、どのように考えられていたのか。ここでは、大聖人の御書に即して整理していきたい。

(1) 中有

「中有《ちゅうう》」とは仏教一般の用語であり、「意識をもつ生きものが、死の瞬間（死有）から次の生をうける（生有）までの間の時期で、霊魂身とでもいうべき身体をもつ」などと説明される。(1)　つまり、輪廻《りんね》転生を前提に、死後の生命の期間を「中有」と呼ぶのである。この期間は一般的に四十九日間とされ、日本の仏教でも、人が死んでから四十九日目には遺族一同が参集して法事を行う慣《なら》わしとなっている。

日蓮大聖人も、この中有説を当然のごとく採用されている。大聖人が中有説を用いて説き示そうとしたことは、次の二点である。

第一に、日蓮大聖人は中有説によって、死後の生命が旅をする、ということを説かれている。日蓮門下の女性信徒に、妙心尼という人がいた。この女性は、夫の重病を機縁として尼となったが、弘安元年、日蓮大聖人に供物を捧《ささ》げるとともに、夫の病状について報告したようである。それに対する大聖人の返事が『妙心尼御前御返事』であり、大聖人はその中で、彼女と共に法華経を信ずる夫の死後の成仏を約束されている。そして、妙心尼の夫の死後に言及し、「ただいまに霊山《りょうぜん》にまいらせ給いなば・日いでて十方をみるが・ごとくうれしく、とくし（死）にぬるものかなと・うちよろこび給い候はんずらん、中有の道にいかなる事もいできたり候はば・日蓮がでし（弟子）なりとなのらせ給へ(2)」と記している。妙心尼の夫が死後に霊山浄土に行くことを予言したうえで、霊山へと向かう「中有の道」では、何があろうと〝自分は日蓮の弟子である〟と名乗れば安心である、と激励されたのである。

このように、日蓮大聖人は信徒たちに対し、死後に霊山浄土に行く際には「中有の道」を通過せねばならず、その途上には何らかの障害がある、と言い聞かせておられた。では、中有の旅の障害を乗り越える鍵とは何か。大聖人の回答は、法華経の受持であった。『上野殿母御前御返事』には、「故南条五郎殿の死出の山・三途の河を越し給わん時・煩悩の山賊・罪業の海賊を静めて・事故なく霊山浄土へ参らせ給うべき御供の兵者《つわもの》は無量義経の四十余年・未顕真実の文ぞかし(3)」と示されている。これは、子の七郎五郎に先立たれた、母御前に対する励ましの一文である。「死出の山・三途の河を越し給わん時」とは中有の旅を意味し、「無量義経」とは法華経の開経である。法華経への強い信仰こそが、中有の旅の途上で出会う「煩悩の山賊・罪業の海賊」を退治する「御供の兵者」となり、霊山に故人を送り届けてくれるのだ、と日蓮大聖人は説かれている。同様な意味で、大聖人は南条時光に対し、「相かまへて相かまへて自他の生死はし（知）らねども御臨終のきざみ生死の中間に日蓮かならず・むか（迎）いにまいり候べし」[4]（『上野殿御返事』）と書き送られている。生前に退転なく法華経の信仰に励み、死後には中有の旅を乗り越え、霊山の仏国土へ行く——日蓮門下の信仰信条は、かかるものだったと考えられよう。

さて第二に、日蓮大聖人は、中有の旅における死後の生命が成仏・不成仏の不確定な状態に置かれている、と見なされていた。例えば、大聖人の出家の師匠であった道善房《どうぜんぼう》の死後の状況について、『本尊問答抄』には次のごとく述べられている。「故道善御房は師匠にておはしましましかども法華経の故に地頭におそれ給いて心中には不便とおぼしつらめども外にはかたきのやうににくみ給いぬ、後にはすこし信じ給いたるやうにきこへしかども臨終にはいかにやおはしけむおぼつかなし地獄まではよもおはせじ又生死をはなるる事はあるべしともおぼへず中有にやただよひましますらむとなげかし」[5]。道善房は生前、五体の阿弥陀如来《あみだにょらい》像を造り、その後、日蓮大聖人の説得によって少し法華経を信じたものの、帰依《きえ》するには至らず死去したという。それゆえ、故道善房の生命が地獄にも霊山にも行かず、中有の旅をさまよっているのではないか、と大聖人は嘆かれたのである。『新池殿御消息』に「中有のたびの空に迷いて」[6]ともあるが、日蓮大聖人において、中有の旅は、行き先に迷う死後の生命状態を指していたと言えるだろう。

(2) 霊山浄土と悪道世界

一方、中有の旅を終えて死後の在所が定まった故人の姿も、日蓮大聖人は、目の当《まあ》たりにしたかのごとく書き記されている。大聖人が法華経信仰を貫く信徒たちを讃嘆《さんたん》され、彼らに死後の霊山参詣を約束されたり、霊山における故人の信徒の遊楽を語ったりされた御書は、数多くある。

先にも引用した『上野殿母御前御返事』の中で、日蓮大聖人は「ちち(父)はりやうぜんにまします(7)」と記し、故七郎五郎の父であり母御前の夫である故南条兵衛七郎が今は霊山浄土にいる、と断言されている。また『四条金吾殿御書』では、四条金吾の亡き母である「妙法聖霊」に関して、「妙法聖霊は法華経の行者なり日蓮が檀那《だんな》なりいかでか餓鬼道におち給うべきや、定めて釈迦《しゃか》・多宝仏・十方の諸仏の御宝前にましまさん、是こそ四条金吾殿の母よ母よと同心に頭《こうべ》をなで悦びほめ給うらめ、あはれ・いみじき子を我はもちたりと釈迦仏と・かたらせ給うらん(8)」と述べられ、すでに故人となった金吾の母は「釈迦・多宝仏・十方の諸仏」のいる霊山浄土でさぞかし満足しているだろう、との大聖人自身の見解を示されている。

さらに、霊山浄土の美しく荘厳な様子を、文学性の高い表現で描写した御書の御文も存する。「霊山浄土の悦びこそ実《まこと》の悦びなれと思し食し合せて又南無妙法蓮華経と唱へ、退転なく修行して最後臨終の時を待つて御覧ぜよ、妙覚の山に走り登つて四方をきつと見るならば・あら面白や法界寂光土にして瑠璃《るり》を以《も》つて地とし・金《こがね》の縄《なわ》を以つて八《やつ》の道を界《さか》へり、天《そら》より四種の花ふり虚空に音楽聞えて、諸仏菩薩《ぼさつ》は常楽我浄の風にそよめき娯楽快楽し給うぞや」[9](『松野殿御返事』)というのがそれである。こうした日蓮大聖人の教えに接した信徒たちは、死後の霊山往詣《おうけい》を心の支えに現世の苦難を耐え忍ぶことを誓い合い、いやまして信仰の情熱を沸き立たせたに違いない。

しかし、その反対に、中有の旅を経て地獄・餓鬼・畜生の三悪道の世界に堕《お》ちる死後の生命もある、と大聖人は述べられている。すなわち『新池殿御消息』に「中有のたびの空に迷いて謗法《ほうぼう》の業《ごう》にひかれて三悪道と申す獄屋へおもむけば・獄卒・阿防羅刹《あぼうらせつ》悦びをなし・とら(捉)へから(搦)めてさひなむ事限りなし」[10]とあるごとく、中有の旅において、自らが生前に犯した謗法の業のために三悪道の世界へと向かい、そこで地獄の責め苦に遭う人々がいる、と説かれることもあった。また『盂蘭盆《うらぼん》御書』には、釈尊の十大弟子の一人である目連が天眼をもって三千大千世界を見たところ、自分の亡き母が「慳貪《けんどん》の科《とが》」によって餓鬼道に堕ち苦しんでいた、という盂蘭盆経からの説話が紹介されている。[11]謗法の業や貪欲などの世間的悪業を多く犯した者は、死後の中有の旅が苦しみに満ちた悪道世界への旅となる、と日蓮大聖人は教えられたのである。

(3) 現実世界への再生

ここまで述べたように、日蓮大聖人の教説では、人間は死後、必ず中有の旅を行い、しかる後に生前の果報に見合った世界に落ち着く。死者が行き着く世界は、霊山浄土であったり、地獄の世界であったり、と様々である。だが、それらの死後世界が私たちの現実とかけ離れた別世界である、とは言い切れない。なぜならば、日蓮大聖人は、この現実世界への再生をも説かれたからである。「我等衆生三界二十五有のちまたに輪回《りんね》せし事・鳥の林に移るが如く死しては生じ生じては死し車の場《にわ》に回るが如く始め終りもなく死し生ずる悪業深重の衆生なり[12]」と、『女人成仏抄』には記されている。六道の凡夫の住処である三界の中には、私たちが生きる娑婆《しゃば》世界も含まれるはずである。したがって、この現実世界において幾度も六道の輪廻転生を繰り返す生命もある、ということになろう。

また、これとは異なり、本来ならば常寂光《じょうじゃっこう》の霊山浄土に住むべき仏の生命が、あえてこの苦しみ多き現実世界に再生する、という考えも、日蓮仏法には見られる。『三世諸仏総勘文教相廃立』の次の御文が、それにあたる。「三世の諸仏の御本意に相い叶《かな》い二聖・二天・十羅刹の擁護《おうご》を蒙《こう》むり滞《とどこお》り無く上上品《じょうじょうぼん》の寂光の往生を遂げ須臾《しゅゆ》の間に九界生死の夢の中に還《かえ》り来つて身を十方法界の国土に遍し心を一切有情の身中に入れて内よりは勧発《かんぼつ》し外よりは引導し内外相応し因縁和合して自在神通の慈悲の力を施し広く衆生を利益すること滞り有る可からず[13]」。成仏を遂げて死んだ生命が、瞬時に九界の迷いの世界に帰還し、自由自在の慈悲の力を発揮して衆生を利益することを、この御文は説示している。大乗仏教には、菩薩が迷いの世界にとどまらず、しかも衆生救済の大慈悲のゆえに迷いの世界で活動する、という「無住処涅槃《むじゅうしょねはん》」の思想がある。成仏者が死後に霊山浄土に往詣せず、迷いの衆生を救うためにこの現実世界に再生する、というあり方は、大乗仏教の菩薩道の精神から導き出すことができ、そうした精神が日蓮大聖人の思想中にも見出《みいだ》されるのである。

(4) 墓所

なお、日蓮大聖人が信徒たちに与えた書簡等を拝していくと、死者があたかも墓所にいるかのごとき表現に出会うこともある。「とふ人もなき草むらに露しげきやうにて・さばせかい（娑婆世界）にとどめをきしをさ（幼）なきものなんどのゆくへ（行末）きかまほし」[14]（『妙心尼御前御返事』）、「故殿は木のもと・くさむら（叢）のかげ・かよ（通）う人もなし、仏法をも聴聞せんず・いかにつれづれ（徒然）なるらん、をもひやり候へばなんだ（涙）もとど（止）まらず、との（殿）の法華経の行者うちぐ（具）して御はかにむ（向）かわせ給うには・いか（何）にうれ（嬉）しかるらん・いかにうれしかるらん」[15]（『春の祝御書』）、「いままでとぶ（訪）らい候はねば聖霊《しょうりょう》いかにこひ（恋）しくをはすらんと・をもへば・あるやうもありなん、そのほど・まづ弟子をつかわして御はか（墓）に自我偈《じがげ》を・よませまいらせしなり、其の由御心へ候へ」[16]（『滅劫御書』）などがそうである。これらは、故人の霊が草深い墓所に在って、娑婆世界に残した家族のことを思ったり、仏法を聴聞できずに寂しがったりしているだろう、と日蓮大聖人が案じておられる手紙の数々である。

現存する御書に基づく限り、日蓮大聖人は墓参を是認されている。自らの墓参が叶わない場合は、弟子の僧に代参させ、墓前で法華経の「自我偈」等を読ませている。師の道善房が死去した際には、代参させた僧らに『報恩抄』を読ませてもいる。日蓮大聖人は、墓所の中の死骨に故人の霊が宿っている、と思われていたのだろうか。もし、そうだとすると、死者は中有の旅を経て霊山浄土や悪道世界に赴《おもむ》き、現実世界に再生することもある、とする大聖人の死後世界観と齟齬《そご》をきたす。

現代に生きる私たちは、この矛盾を何らかの意味において解消したい気持ちに駆られる。すなわち、墓参に関連する日蓮大聖人の言説の数々を、故人の遺族や関係者に対する、大聖人ご自身の誠意の表れや一種の教化上の方便として理解したくなる。日蓮大聖人が、一般人の胸を打つ表現で亡き人の心境に思いを馳《は》せる書簡を送られ、あるいは自らが墓参され、あるいは弟子を代参させて故人を懇《ねんご》ろに供養されたことは、遺族の信徒にとって、この上ない喜びとなったに違いない。大聖人の深き真心は遺族の心に染みわたり、その法華経信仰にさらなる力を与えたであろう。

また日蓮大聖人は、『太田左衛門尉御返事』の中で「予が法門は四悉檀《ししつだん》を心に懸けて申すならば強《あなが》ちに成仏の理に違わざれば且《しば》らく世間普通の義を用ゆべきか」(17)と述べられている。四悉檀とは、仏の教法を四種に分けたもので、『大智度論』等に説かれる。その四種の教法の一つに「世界悉檀」があり、一般世間の人々の願いに応じて仏法を説くことをいう。この世界悉檀の化導法を心得ておられた日蓮大聖人は、正月、節句、厄年などの日本の慣習を許容可能な「世間普通の義」として採用し、自らの仏法を弘めるために取り入れられた。同じ意味から、仏法流布と門下の信仰増進のために、一般人が故人と対面する思いで墓参を行う心情を大聖人が肯定され、そこに積極的に訴えかけたとしても何ら不思議ではない。

しかし、だからといって、日蓮文書に見られる墓参の肯定が世界悉檀の化導以外の何物でもなかった、と断定してしまうことにも、いささか問題があるのではなかろうか。日蓮大聖人は、『木絵二像開眼之事』の中で「法華を悟れる智者・死骨を供養せば生身即法身・是を即身といふ、さりぬる魂《たましい》を取り返して死骨に入れて彼の魂を変えて仏意と成す成仏是なり、即身の二字は色法・成仏の二字は心法・死人の色心を変えて無始の妙境《みょうきょうみょうち》・妙智と成す是れ則ち即身成仏なり」(18)と記されている。法華経によって死骨を供養することは、色心不二の法華経における仏の心法を死骨の色法に入れて死骨を法身に変える。と同時に、死者の魂を死骨即法身の色法に呼び返し、色心不二の原理で仏意となすのである。ここには、一念三千の法理に基づく「非情成仏」「色心不二」という教義的裏づけがある。してみれば、日蓮大聖人が墓参を是認されたのは、世界悉檀の化導であると同時に、第一義悉檀の立場でもあったと考えられよう。

もちろん、先のような死骨供養の説明の仕方は、現代人の合理的思考になじまない。それは、宗教体験上の神秘的な事実を通してのみ、真に納得しうる論理なのかもしれない。

右の考察を整理しておきたい。日蓮大聖人は、時として墓に故人の霊がいるかのごとく信徒に説かれ、墓参の行為を是認されていた。墓を死霊の在所と見る大聖人の指南は、民衆の心情に応じた世界悉檀の教化法として理解できる。そして墓参行為の是認に関しては、故人の遺族や関係者に大聖人の誠意を示される目的があったと思われ、さらには法華経による死骨供養という宗教的論理にも支えられていたのではないか、と推考されるのである。

2 日蓮の死後世界観の現代的展開——創価学会の死生観

次に、日蓮大聖人の死後世界観の現代的展開を見ていきたい。本来ならば、二十世紀後半から盛んになった臨死体験や前世記憶の研究等の成果も十分に踏まえたうえで、日蓮大聖人の死後世界観の再考察を行うべきであろう。だが、ここでは紙数の都合もあり、大聖人の死後世界観の現代的展開を代表するものとして、創価学会の死生観を取り上げ、考察していくことにする。

（1）日蓮大聖人の霊山浄土観の本質

日蓮大聖人によれば、「人死すれば魂去り」[19]（『木絵二像開眼之事』）、その魂は中有の旅に出る。そして生前の果報に応じ、霊山浄土に生ずる場合もあれば、地獄・餓鬼・畜生などの悪道世界に生ずることもある。また、そこに至る途上では、「三途の川」を渡り、罪人は岸で獄卒から衣服を剝《は》がされる[20]（『寂日房御書』）、とするなど、死後の魂が何らかの裁きを受けることも示されている。日蓮大聖人の中有観は、中世の日本仏教の常識的見解だったと言ってよい。

　ともかく、中有の旅を終えた死後の生命は、生前の果報に応じて霊山浄土や悪道世界にたどりつく。通常、中有の終わりは新たな生の始まりとされるので、霊山浄土などは死後の生命の再生の地ということになる。実際、大聖人は『上野殿母御前御返事』の中で「同じ妙法蓮華経の種を心に・はら（孕）ませ給いなば・同じ妙法蓮華経の国へ生れさせ給うべし[21]」と述べられ、妙法の信者は「妙法蓮華経の国」すなわち仏国土に再生する、と説いている。

　ただ、「常住不壊のりやう（霊）山浄土[22]」（『上野殿母御前御返事』）と言うように、霊山浄土は永遠不滅の楽土である、とも大聖人は説かれている。成住壊空《じょうじゅうえくう》の理法すら脱した理想世界が宇宙のどこかに存在する、と考えるのは、仏教的な道理には合わない。ならば、日蓮大聖人が成仏者の再生地と定めた霊山浄土の実体とはいったい何なのか。この疑問を解くことは、日蓮大聖人の死後世界観を現代人が理解するうえで非常に重要になってくる。

上野殿母御前が亡夫の追善供養のために種々の物を捧げてきた折、日蓮大聖人は返礼の書中で亡夫が霊山浄土に居ることを母御前に伝えつつも、「夫れ浄土と云うも地獄と云うも外には候はず・ただ我等がむね（胸）の間にあり、これをさと（悟）るを仏といふ・これにまよ（迷）ふを凡夫と云う」[23]（『上野殿後家尼御返事』）と説示されている。大聖人は、夫を失った女性信徒に対し、亡夫が待つ霊山浄土とは遠い彼方の別世界ではなく、じつは人の心の内奥にあるのだ、と教えられたのである。かかる霊山浄土の捉え方は、仏教の死後世界観を現代的に解釈する道を開くように思われる。今日、創価学会が展開している死後生命論は、この本質論としての日蓮大聖人の霊山浄土観に符合した、現代的な仏教思想であると言えよう。

（2）宇宙生命に溶け込む死後の生命

創価学会において、死後生命論を最初に説いたのは戸田城聖第二代会長である。戸田会長は、戦時中、軍部政府の弾圧を受けて投獄された時に「仏とは生命なり」との宗教的悟達を得たという。そして、戦後まもない昭和二十四年（一九四九年）、戸田会長は『大白蓮華』の創刊号に「生命論」を寄稿し、「宇宙自体がすでに生命そのもの」とする立場から、死後の生命のあり様をこう説明している。

死んだ生命は、ちょうど悲しみと悲しみとの間に何もなかったように、喜びと喜びの間に、喜びがどこにもなかったように、眠っている間、その心がどこにもないように、死後の生命は宇宙の大生命に溶けこんで、どこをさがしてもないのである。霊魂というものがあって、フワフワ飛んでいるものではない。大自然のなかに溶けこんだとしても、けっして安息していると は限らないのである。あたかも、眠りが安息であるといいきれないと同じである。眠っている間、安息している人もあれば、苦しい夢にうなされている人もあれば、浅い眠りに悩んでいる人もあると同じである。(24)

宇宙が生命体であるとすれば、私たちの死後の生命は、その本源たる宇宙生命に帰り、溶け込んでいく。それも、霊魂のような実体となって宇宙内に浮遊するのではない。戸田会長は、昭和二十八年(一九五三年)刊の『開目抄』の講義の中で「大宇宙の生命体へとけ込んだわれわれの生命は、どこにもありようがない。大宇宙の生命それ自体である。これを空という」(25)と述べている。宇宙生命に溶け込んだ死後の生命は、仏教でいう「空」の状態にある。

また、宇宙生命に溶け込んだ死後の生命には、安楽な境地にいる者、苦悩に喘《あえ》ぐ者、不快感を感ずる者、など各人各様の姿があると戸田会長は言う。そうすると、日蓮大聖人が信徒たちに教えられた死後の霊山浄土や悪道世界は、一つには大宇宙に空の状態で存在する死後の生命の様々な実感を指すのではないか、との見方も生じてくる。次に掲げるのは、戸田会長が昭和三十二年（一九五七年）に行った『寂日房御書講義』の中の一節である。

われわれが死にますと、大宇宙に溶けこむのですが、こんどはそれが大事なのです。溶けこむにも場所がある。区切られたところではない。地獄、餓鬼、畜生、修羅……この世界に、常楽我浄の我が溶けこんで、地獄の世界へ行った者は、非常に苦しみをおぼえる。ところが、人界、天界、縁覚《えんがく》、声聞《しょうもん》、菩薩、仏の境界へ行った者は、非常に楽しみを受けるのです……だから、死んでから、この十界のうちのどこへ行くかが問題になってくるのです。そしてまたそこから、人界へ出てこなければならないのです。(26)

ここに明らかなごとく、戸田会長は、死後の生命が向かう仏や地獄などの世界が、実在の場所ではなく、大宇宙の十界の生命であるとしている。この戸田会長の思想は、今の創価学会にそのまま受け継がれている。池田大作第三代会長（現名誉会長）は、『法華経の智慧《ちえ》』の中で「宇宙の大生命にも十界がある。その人の臨終の一念が地獄界なら、宇宙生命の地獄界に溶け込む。天界なら、天界に溶け込む(27)」と語っている。死後の地獄といい、浄土といっても、宇宙の十界の生命とそこに溶け込んだ死後の生命の実感とを表す概念に他ならない、と創価学会では考えている。

このように、死後の霊山浄土や悪道世界を生命の実感を指すものと解するならば、日蓮大聖人の死後世界観も、それなりに整合性を持った仮説として現代社会に提示できるのではないだろうか。つまり、日蓮大聖人が述べられた死後世界としての霊山浄土や地獄などは、生命実感の表現であるとする。それらは、宇宙生命にそなわる仏界や地獄界・餓鬼界・畜生界を指すという意味では、私たちの外にあるものの表現である。だが他方で、私たち自身も十界をそなえた生命であるから、大聖人が説かれたように「浄土と云うも地獄と云うも外には候はず・ただ我等がむね（胸）の間にあり」と言いうる。ゆえに、まず現世の仏道修行によって〈内なる霊山浄土〉を確立することが大事になり、それによって死後は宇宙生命の仏界に溶け込み、〈外なる霊山浄土〉とも一体化することができる――。以上が、日蓮仏法における霊山往詣の、本質論的かつ現代的な解釈であろうと思われるのである。

（3）娑婆世界への再生

次に、死後の生命が娑婆世界に再生した段階について考えていこう。今までの議論を総括すると、死後の生命は、臨死体験を含む中有の旅の段階を経て、宇宙生命の十界のどこかに溶け込む「空」の状態へと至る。この空の段階で、死後の生命は生命実感としての地獄や浄土などを体験するのだが、本節の（1）で述べたように、日蓮仏法は現実世界への再生も説く。創価学会も、そのことは認めている。戸田会長は先の開目抄講義の中で、宇宙生命に空の状態で溶け込む死後の生命が「縁にふれて五十年、百年または一年後に再びこの娑婆世界に前の生命の連続として出現してくる」とし、生死の問題に関して次のごとく結論している。「現在生存するわれらは死という条件によって大宇宙の生命へとけ込み、空の状態において業を感じつつ変化して、なんらかの機縁によってまた生命体として発現する。かくのごとく死しては生まれ生まれては死し、永遠に連続するのが生命の本質である(28)」。

私たちの生命は死後、空の状態にある時も来世に生じた時も連続性を持って存続していく、と戸田会長は言う。六道の生命は六道の実感のままに、仏の生命は仏の実感のままに大宇宙の生命に溶け込み、やがてまた前世と同じような新しい生を営む。ここでは、死後の再生が「生まれ変わり」ではなく、いわば「生まれ続き」として考えられている。ゆえに創価学会では、日蓮大聖人の口伝書である『御義口伝』の「本有《ほんぬ》の生死とみれば無有生死なり生死無ければ退出も無し唯生死無きに非ざるなり、生死を見て厭離《えんり》するを迷と云い始覚と云うなりさて本有の生死と知見するを悟と云い本覚と云うなり(29)」との文などを根拠に、「本有の生死」観を強調している。永遠に連続しゆく生命の変化を如実に捉えながら、生死輪廻を生命本来の姿と知ることが「本有の生死」観である。

生死輪廻の迷いからの解脱《げだつ》を目標とする初期仏教の立場から見れば、このような本覚思想的主張は、いかにも非仏教的に見える。しかし、哲学的に考えると、「本有の生死」観には、解脱と生死との弁証法的止揚が認められるとも言えまいか。「本有の生死」観は、初期仏教の解脱思想の否定というより、その弁証法的発展である——そう捉え直すならば、あながちに「本有の生死」観を非仏教的だと見なすこともできないだろう。

また現代人にとっても、死者の現実世界への再生を信ずる立場が迷信的である、と一概に片づけることはできない。二十世紀後半以降の世界では、心霊研究者や宗教学者、哲学者だけでなく、精神分析学者等の科学者も積極的に前世記憶の研究に取り組んでいる。例えば、バージニア大学医学部の精神科主任教授のI・スティーヴンソンは、二十年以上もの長期間にわたり、前世を記憶していると主張する子どもたちを対象とした事例研究を積み重ねた[30]。スティーヴンソンが調査収集した事例は二千例以上に及ぶ。そして、いわゆる「生まれ変わり信仰」を持つアジアの諸民族や世界各地の先住民族にとどまらず、一般的にはそうした信仰に否定的な傾向を持つ欧米人やイスラム教徒をも、彼は考察の対象に含めている。つまり、スティーヴンソンは様々な文化圏にまたがる膨大な事例を整理し、それらを努めて科学的に分析したのである。

彼によると、仏教徒やヒンドゥー教徒が説く「カルマ（業）」の観念については、それを裏づける証拠が得られなかったものの、否定することもできないという。こうした科学的調査法に基づく死者再生の仮説の登場は、仏教者の立場から見ても興味深い。

「本有の生死」を悟り、この世にいようが、空の状態にあろうが、娑婆世界に再生していようが、生命実感としての霊山浄土を永遠に体験し続ける存在こそが日蓮仏法における「仏」である、と考える創価学会の死生観は、現代の科学文明に生きる人々から見ても、決して不自然な解釈ではない。「されば我等が居住して一乗を修行せんの処は何れの処にても候へ常寂光の都為《た》るべし、我等が弟子檀那とならん人は一歩を行かずして天竺の霊山を見・本有の寂光土へ昼夜に往復し給ふ事うれしとも申す計り無し申す計り無し」[31]と、日蓮大聖人は『最蓮房御返事』に仰せられている。生命実感としての霊山浄土は、成仏者が死後に溶け込む宇宙生命の仏界に限らず、私たちが生きる地球上のような娑婆世界にも存する。ゆえに、大聖人は「い（生）きてをはしき時は生の仏・今は死の仏・生死ともに仏なり」[32]（『上野殿後家尼御返事』）と述べられている。かくのごとき意味において、上野殿母御前に与えられた、前述の「妙法蓮華経の国へ生れさせ給うべし」[33]との大聖人のご指南は、妙法が流布している世界への死後の再生を示唆されたものかもしれない。

創価学会の死後生命論の卓抜さは、日蓮大聖人の死後世界観に存する仏教的な合理性や哲学性を鋭く捉え、それを現代人の思考に合わせて簡明に民衆に示す、という難作業を成し遂げたところにある。しかも、そのことは、「世俗化した現代社会と宗教倫理の調和」という文明論的課題に対する、一つの回答となっているようにも思われる。創価学会の死後生命論を信念化して生きる人々は、死後の生を否定して現世的快楽のみを追求する刹那《せつな》主義にも、現世を忌み嫌って死後の安楽を願う厭世《えんせい》主義にも陥《おちい》らないだろう。生死を超えた地平から生死を積極的に受け入れる創価学会員は、死後のためにも現在の生を充実させようとする。たとえ現世に絶望的な苦難があろうと、生命実感としての霊山浄土を追求し、常に前向きに生き続ける。その生命向上への不抜の努力は、結局のところ、社会環境や自然環境を浄土化する取り組みとなって現れるはずである。かくして、「立正安国」という現世的スローガンは、日蓮大聖人の「本有の生死」観とも深く結びついているのである。

3　死者との交流

(1) 生命奥底の次元における故人と遺族との交流

死後の生命の在所に関して、筆者は、すでに様々な角度から考察を重ねてきた。その考察を踏まえ、いよいよ、私たちが死者といかに交流すべきか、という実践上の問題に入っていきたい。

現代の科学的思考による限り、生者と死者の間には何の働きかけも認められない。だが、すべての事象は相依相関して存立する、と見る縁起の思想を有し、そのうえに死後の生命を説く類《たぐ》いの仏教は、生者と死者との交流を想定した議論を展開している。日蓮仏法も、まさにそうである。

『盂蘭盆《うらぼん》御書』の中で、日蓮大聖人は、仏寺を焼き払った平清盛の大重罪が死後も遺族に悪影響を及ぼし、その子息らは非業の死を遂げた、という例を示しながら、次のように説いている。

悪の中の大悪は我が身に其の苦をうくるのみならず子と孫と末へ七代までもかかり候けるなり、善の中の大善も又又かくのごとし、目連尊者が法華経を信じまいらせし大善は我が身仏になるのみならず父母仏になり給う、上《かみ》七代・下《しも》七代・上無量生下無量生の父母等《たち》存外に仏となり給う、乃至子息・夫妻・所従・檀那・無量の衆生・三悪道をはな（離）るるのみならず皆初住・妙覚の仏となりぬ。(34)

一人が造った善悪の業は、その子々孫々にまで強い影響を及ぼし、最終的には一切衆生にも作用する。とすれば、過去・現在・未来の全人類、動植物、あらゆる生命体が相互作用の関係にあり、私たちは時々刻々、無限に錯綜《さくそう》する万物の影響を受けながら生きている、ということになろう。この点に関連して、創価学会では、第九識を心王と立てる天台宗や日蓮仏法の立場を踏まえつつ、現代的観点から「九識論」を展開している。以下は、池田会長が平和学者のJ・ガルトゥングとの対談で語っている内容の中から、本節の議論に資するところを摘示したものである。

——九識論とは、生命を、表層意識から心の深層まで立て分けて説明するものであるが、その第八識は「阿頼耶識《あらやしき》」と呼ばれる。阿頼耶識は、いわば〝業（カルマ）の貯蔵庫〟であり、生死を超えて連続する業の総体である。これは、一種の〝潜在的な生命エネルギー〟であるともいえ、このエネルギーが時間的にも空間的にも、一個人を超えて影響力を及ぼす。すなわち、生命内奥の次元で、個人の第八識が他者の第八識と融合し、潜在的なエネルギーが交流するのであり、その交流は家族、民族、人類、さらには動物や植物といった他の生命体にも及ぶ。かりに悪の潜在的な生命エネルギーが他へと連動していけば、自己のみならず他者をも不幸に巻き込み、ひいては人類の破滅、自然界の破壊へと影響しかねない(35)――。

こうした見解を支持するならば、意識の奥の八識という生命奥底の次元において、私たちの自己は宇宙万物と交流を行いながら存在していると言える。とりわけ、故人と生前、深い関係があった家族や親類、友人などは、その縁の深さゆえに、互いの生命的交流の度合いが高いと考えられよう。

『盂蘭盆御書』には、「目連が色心は・父母の遺体なり目連が色心仏になりしかば父母の身も又仏になりぬ(36)」ともある。親と子は、肉体という色法の面で連続性を持っている。ゆえに、親子の色心不二の生命と生命との間では非常に濃密な交流が行われている、と見ることができる。日蓮仏法はこの観点から、「人のをやは悪人なれども子・善人なれば・をやの罪ゆるす事あり、又子悪人なれども親善人なれば子の罪ゆるさるる事あり(37)」（『光日房御書』）といった考え方もとる。

（2）日蓮仏法における追善回向の原理

しかしながら、ここで重大な疑問が二つ起きる。第一に、一人が成仏することで縁者はもとより一切衆生が成仏する、と言うのならば、六道の衆生が住む娑婆世界では一人も成仏できない理屈になるだろう。また第二に、一人の成仏で家族が救われ、一切衆生も救われるのならば、個々人の宿業転換の努力など必要ないではないか、との疑問も出てくる。

これらの疑問を解決するためには、「生命奥底の次元における万物の交流が個々の生命の善悪に決定的な影響を及ぼす」とは考えずに、それを一種の〝生命の方向づけ〟の作用として捉える必要があるように思われる。日蓮大聖人は、仏道修行者が自らの信仰を通じて生前に成仏すること、すなわち「一生成仏」の意義を強く訴えられた。法華経は「凡夫」が「一生の中に仏位に入」ることを可能にする、と『十法界明因果抄』では説かれている。(38) 成仏の要諦は、自分自身の生前の信心修行にある。そう考えるならば、個々の生命の業を決定する主体は、あくまで自らの八識の生命エネルギーであるが、その生命エネルギーを善や悪の方向へと誘導する力が他者から与えられることもある、と理解しておくべきだろう。

例えば、死んだ親が苦しんでいるとする。その子どもには、苦悩の方向に仕向ける親からの作用が生命奥底の次元で働く。この時に、子どもが、自分を悪へと方向づける作用に抗して善業を行うことができなければ、親と同じく悪道に堕ちる。反対に、死後に善業の果報を受けている親は、子どもを善の方向へと誘導するように作用し、子どもが善業を行いやすくするのである。池田会長は、このような生命奥底の次元での相互作用を、人類全体の問題に敷衍《ふえん》して論じ、わかりやすく「プラス」のエネルギーと「マイナス」のエネルギーの関係にたとえて説明している。

いかなる次元であれ、「マイナス」の引力に負ければ不幸です。生命力を奪われ、破壊、衰退、分裂をもたらします。病気の苦しみ、経済上の苦しみ、争い合いの苦しみ等をつくっていくのです。戦争は、それらの苦しみが集約されたものでしょう……人類史において「プラス」が勝つためには、一人一人が、まず何より自分自身の「マイナス」を克服し、「プラス」へ転じゆくことです。(39)

要するに、個々の生命が「プラス」のエネルギーを増していくことが、縁ある者からの「マイナス」のエネルギーをも跳ね返し、かえって苦しむ縁者に「プラス」のエネルギーを送っていけるのである。とすれば、問題は、八識における「プラス」の生命エネルギーを増す方法であろう。天台や日蓮大聖人の仏教において、八識をも包括する究極の深層は九識であり、「阿摩羅識《あまらしき》」とも呼ばれる。創価学会の教学では、この九識を「宇宙生命」そのものと解釈し、個人のレベルにおいて八識の本質である九識の宇宙生命を触発すれば、その人の悪業《あくごう》を善業に転換することができると説く。日蓮仏法の立場は「九識即八識以下」である。九識の宇宙生命は、八識の生命エネルギーの相即的な根源と言える。よって根源の宇宙生命に立ち返る時、人は自由自在の主体性を得ることができ、宿命の転換も可能となるのである。

ここに言う宿命転換とは、単に八識における悪業を善業に転換する、という意味にとどまらない。それは、根本的には、善悪の二元相対を超えた絶対善の九識の境地に立ち、善悪の業を自在に使いこなすような根源的主体性を確立することなのである。創価学会が掲げる「人間革命」の運動は、自らの根源である宇宙生命に立ち返って宿命を転換した一人の人間が、八識のレベルで他者、民族、人類、自然界に強力な「プラス」の生命エネルギーの影響を与え、自他ともに幸福となるような方向に世界全体を誘導していく、という原理を信奉しつつ、推進されている。

話を、死者との交流の問題に戻そう。創価学会の人々は、九識の宇宙生命の当体が「南無妙法蓮華経」であり、日蓮大聖人御図顕の御本尊である、と信ずる。そして、御本尊に向かって妙法を唱え、根源の宇宙生命に立ち返って自己の宿命を転換していく。これ自体、八識のレベルで家族や縁者の生命に「プラス」の生命エネルギーの波動を及ぼすことになるが、故人に向けて題目を送る時には、さらなる意義が考えられる。日蓮仏法者の唱題は、故人の生命の根源たる宇宙生命を揺り動かす。そこにおいて、悪業の鉄鎖に縛られた故人の生命も根源の宇宙生命と触れ合い、宿命転換に必要な主体性を増し、成仏の方向へと向かうであろう。
この点について、池田会長は次のように説明している。

> 死せる生命には、自己変革の力がありませんから、みずからの行動を通じて、仏界をくみだすことはできない。
> しかし、生者の側から送りこまれた仏界が、その生命の基底部を揺り動かし、傾向性を変えていくことはできる。
> 生きている私たちの周囲にも、みずから仏界を顕現させることによって、はつらつとした生命力を得て、みごとに地獄界や餓鬼界を脱出した人々の、変革の姿があふれています。
> 同じように、死者の生命も、三悪道の苦を抜けて、人と天の境涯にいたるものもあるでしょう。
> そして、死の生命に力が満ちあふれてくるにつれて、転生《てんしょう》の力、蘇生の力が増加し、自己に適合する再生の縁をとらえて、ふたたび生の生命を得るにいたるのです。[40]

また、妙法を唱える限り、遺族等が故人から悪影響を受けることもなくなる。妙法という宇宙根源の生命エネルギーを超える「マイナス」のエネルギーなど存在しないからである。日蓮仏法における追善回向の原理の現代的な解説は、かくのごとくである。

なお、以上の前提に立てば、故人を追善回向する主体者は、やはり遺族であることが望ましい。八識という生命奥底の次元において、遺族は故人と密接な交流を行っている。その分だけ、遺族が唱える題目は、故人の生命に大きな影響を与えると言える。同様な意味で追善回向の主体者となるべき存在が、故人の友人や関係者であろう。創価学会の推進する「友人葬」は、故人とは赤の他人だった僧侶が主体者となる葬儀よりも、はるかに追善回向の本義に適《かな》っている。

ただし、遺族の題目が、故人の生命を真に成仏へと方向づけるためには、遺族自身、妙法を唱えて成仏に向かっていることが不可欠である。「回向」とは、自分自身の功徳を故人に回し向けることである。それゆえ、日蓮大聖人は「自身仏にならずしては父母をだにもすく（救）いがた（難）し・いわうや他人をや」(41)（『盂蘭盆御書』）と述べられているのである。

(3) 成仏した死者に追善回向を行う意義

ところで、自らの信仰により成仏した死者への追善回向は必要なのだろうか。この点についても考察しておきたい。結論を先に言えば、成仏した故人への追善回向には少なくとも二つの意義がある、と筆者は考える。第一に、悲しみを仏道修行の糧《かて》とする意義、第二に、仏となった故人の生命が遺族を守ることへの報恩感謝という意義である。

まず、第一の意義であるが、日蓮大聖人は明確にこう説き示されている。

故聖霊は此の経の行者なれば即身成仏疑いなし、さのみなげ（嘆）き給うべからず、又なげき給うべきが凡夫のことわり（理）なり、ただし聖人の上にも・これあるなり、釈迦仏・御入滅のとき諸大弟子等のさと（悟）りのなげき・凡夫のふるまひ（振舞）を示し給うか。いかにも・いかにも追善供養を心のをよ（及）ぶほどはげ（励）み給うべし、古徳のことば（語）にも心地を九識にもち修行をば六識にせよと・をしへ給う・ことわりにもや候らん(42)（『上野殿後家尼御返事』）。

故人は即身成仏したので嘆く必要などない、と遺族を諭《さと》しながら、それでも近しい人の死を嘆き悲しむのは人間の理《ことわり》である、と大聖人は言葉をかけられる。いかに故人の成仏を確信していても、親や配偶者、子どもとの死別は、遺族にとって身を切られるような悲しみである。煩悩即菩提、生死即涅槃を説く日蓮仏法は、そうした愛別離苦《あいべつりく》の悲しみをやみくもに否定しない。むしろ、九識＝妙法への信心を強盛にして生命の主体性を増し、六識の悲哀をも修行の糧にせよ、と説く。その見地から、日蓮大聖人は、成仏した故人を持つ遺族に対しても、真心の追善供養に励むべきことを勧めたのである。

では、第二の意義についてはどうか。日蓮仏法では、成仏した故人が娑婆世界に残した遺族の様子を気にかけ、守ろうとすると説く。例えば、建治元年の五月、南条時光が亡き父の追善の意も込めて干し芋をご供養した際、日蓮大聖人は返書を認《したた》められ、その中で「さるほどならば聖霊・仏になり給うべし、成り給うならば来りてまほ（守）り給うべし[43]」（『上野殿御返事』）と時光に教えられている。仏になった亡き父は来たって時光を守るだろう、との大聖人の言である。また、夫に先立たれた妙一尼に対し、大聖人は「法華経のために命を捨てた亡夫が、その功徳によって娑婆世界の妻子の身を天鏡に映し出し、見ていることだろう（趣意）」と説かれている。そして、さらに「御疑あるべからず定めて御まほりとならせ給うらん[44]」とも述べられ、亡き夫が守ってくれることを疑ってはならない、と尼を励まされている（『妙一尼御前御消息』）。

親子や夫婦が生命奥底の次元において密接な交流を持っている、と見る立場からすると、成仏した故人が遺族を守る、というのは、故人の八識における「プラス」の生命エネルギーが、遺族の生命に流れ通うことを意味しているように思われる。「されば故入道殿も仏にならせ給うべし、又一人をはする・ひめ御前も・いのちもながく・さひわひもありて・さる人の・むすめなりと・きこえさせ給うべし[45]」（『窪尼御前御返事』）といった日蓮大聖人の御文は、故人の成仏が遺族の幸福を保証することを説き示されている。これなど、生命奥底の次元における故人と遺族の密接な交流、という観点から、よく理解できよう。

ところで、成仏者は死後、常に受動的立場にしか置かれないのだろうか。すなわち、成仏した故人が、遺族に対して妙法の功徳を回向する、という可能性はまったく考えられないのか。少なくとも、娑婆世界のどこかに再生し、再び妙法流布に精励《せいれい》している故人の場合は、自らが持つ宇宙根源の生命エネルギーを、前世における遺族にも回し向けているはずである。

創価学会では、成仏した故人の生命が死の世界にとどまらず、すぐにまたどこかに生まれてくるものと考える。池田会長は『新・人間革命』第二十六巻で、『総勘文抄』の「滞り無く上上品の寂光の往生を遂げ須臾の間に九界生死の夢の中に還り来つて[46]」云々の文を引きながら、「(日蓮)大聖人は、仏界の生命を確立して亡くなった方は、死後も、すぐに、九界のこの世界に帰って来て、広宣流布の大舞台に躍り出ると述べられた[47]」と明言している。菩薩は仏道修行で得た功徳を一切衆生に回向する。成仏して即座に再生した故人は、さらなる菩薩行によって前世の遺族にも功徳を回向すると言えよう。妙法の回向は、時間・空間を超えて自由自在である。先にも引用したが、「目連尊者が法華経を信じまいらせし大善は我が身仏になるのみならず父母仏になり給う、上七代・下七代・上無量生下無量生の父母等存外に仏となり給う、乃至子息・夫妻・所従・檀那・無量の衆生・三悪道をはな(離)るるのみならず皆初住・妙覚の仏となりぬ[48]」との『盂蘭盆御書』の一節は回向の広大無辺を教えたものであり、深く味わうべきであろう。

また、成仏した故人は大宇宙に存在する三世十方の諸仏の一人に連なる、という見方もできる。日蓮大聖人は、『千日尼御返事』の中で「故阿仏房一人を寂光の浄土に入れ給はずば諸仏は大苦に堕ち給うべし」(49)と断じられている。日蓮仏法においては、三世の諸仏は皆、法華経の持者を守護することになっている。『上野殿母御前御返事』には、その情景が「東西南北・八方・並びに三千大千世界の外・四百万億那由佗《なゆた》の国土に十方の諸仏ぞくぞくと充満せさせ給う、天には星の如く・地には稲麻《とうま》のやうに並居《なみい》させ給ひ、法華経の行者を守護せさせ給ふ」(50)等と描かれている。成仏した故人が無数の諸仏の一人として法華経を信ずる遺族を守護する、という考えは、日蓮大聖人の思想から十分に引き出せる。池田会長も、「自分の『いよいよ強盛の信心』によって、先祖も成仏し、成仏した先祖が、今度は生きて身近にいるかのように自分を守護してくれる」ということが、「『生死不二』『一念三千』の大聖人の仏法の力用である」(51)と指導している。

このように、成仏した故人が遺族に善なる影響を与えているとすれば、遺族は報恩感謝のためにも追善回向を行うべきだろう。「仏弟子は必ず四恩をしつて知恩報恩をいたすべし」(52)とは『開目抄』の一文である。そもそも故人がどうであれ、日蓮仏法を信奉する遺族は、生前に受けた恩を忘れてはならない。故人の生命が死後も遺族を守る働きをしている、と感ずる場合は、なおさら報恩感謝すべきであろう。

おわりに

日蓮大聖人の死後世界観に従えば、人間の生命は死後、まず身体から離れる。そして「空」の状態となり、次なる世界に落ち着くのを待つ。仏教では、この期間を「中有」と称する。日蓮大聖人は、中有の旅において生前の行業に関する何らかの〈裁き〉があり、それに応じて霊山浄土に往生したり、悪道世界に生じたりする、とご教示されている。ここまでは、仏教一般の死後世界論と同様である。

しかし、日蓮仏法は、浄土や地獄といったものを、本質論的には個々の生命の実感として捉えている。この点を踏まえて言えば、死後の生命は中有の段階を経た後、空の状態のまま浄土や地獄を生命の内奥に実感し続ける場合もあれば、娑婆世界に再生した状態で生命実感としての浄土や地獄を味わう場合もあろう。創価学会はこうした見解をとる。それは、日蓮大聖人の死後世界観から普遍的な死後生命論を引き出そうとする試みとも言える。創価学会の死後生命論に基づけば、日蓮仏法が説く霊山浄土への往生とは、おとぎ話のような別世界の楽園へと生まれ変わることではない。そうではなく、今世で一生成仏を成し遂げた人が死後、宇宙生命の慈悲の仏界に空の状態で溶け込んでいく、あるいは、そこからさらに妙法有縁の世界へと再生し、衆生救済の菩薩行に励んでいく——かくのごとき、慈悲に満ちた生命活動の様相を指して言うのである。
最後になるが、一生成仏を果たした故人のための葬儀とは、迷いさまよう故人を救う儀式などではなく、新たな世界へと旅立つ仏としての故人を称《たた》え、感謝する場でなくてはならない。また、今世で成仏の境涯を確立できなかった故人に対しては、葬儀等を通じて遺族や友人が真心の追善回向を行うことこそ、故人の生命実感によき影響を及ぼす最善の道となる。現在、創価学会が行っている、人間的な温かみを重視した「友人葬」は、日蓮仏法の死生観の本質から必然的に出てくる葬儀のあり方と言えるだろう。

注

※本章では、筆者が一信仰者の立場から創価学会の死生観を論じている。したがって、日蓮大聖人の御書からの引用は、信仰上の聖典である創価学会版『日蓮大聖人御書全集』を用い、他門の御書類は引用文献として併記しなかった。この点、諒とされたい。

（1）中村元『佛教語大辞典　縮刷版』東京書籍、一九八一年、九五七頁。
（2）堀日亨編『日蓮大聖人御書全集』（以下、『御書全集』と略す）創価学会、一九五二年、一四八〇頁。

(3)『御書全集』一五六九頁。
(4)『御書全集』一五五八頁。
(5)『御書全集』三七三頁。
(6)『御書全集』一四三六頁。
(7)『御書全集』一五七三頁。
(8)『御書全集』一一一二頁。
(9)『御書全集』一三八六〜一三八七頁。
(10)『御書全集』一四三六頁。
(11)『御書全集』一四二七頁。
(12)『御書全集』四七一頁。
(13)『御書全集』五七四頁。
(14)『御書全集』一四八三〜一四八四頁。
(15)『御書全集』一五一〇頁。
(16)『御書全集』一四六七頁。
(17)『御書全集』一〇一五頁。
(18)『御書全集』四七〇頁。
(19)『御書全集』四七〇頁。
(20)『御書全集』九〇三頁。
(21)『御書全集』一五七〇頁。

(22)『御書全集』一五七三頁。
(23)『御書全集』一五〇四頁。
(24)『戸田城聖全集』第三巻、聖教新聞社、一九八三年、二一～二二頁。
(25)『戸田城聖全集』第六巻、聖教新聞社、一九八六年、一九二頁。
(26)『戸田城聖全集』第七巻、聖教新聞社、一九八七年、五二四頁。
(27)『池田大作全集』第三〇巻、聖教新聞社、二〇〇六年、四七〇頁。
(28)前掲書、『戸田城聖全集』第六巻、一九二～一九三頁。
(29)『御書全集』七五三～七五四頁
(30)イアン・スティーヴンソン『前世を記憶する子どもたち』笠原敏雄訳、日本教文社、一九九〇年。
(31)『御書全集』一三四三頁。
(32)『御書全集』一五〇四頁。
(33)『御書全集』一五七〇頁。
(34)『御書全集』一四三〇頁。
(35)『池田大作全集』第一〇四巻、聖教新聞社、二〇〇〇年、一七〇～一七一頁。
(36)『御書全集』一四二九頁。
(37)『御書全集』九三一頁。
(38)『御書全集』四三七頁。
(39)前掲書、『池田大作全集』第一〇四巻、一七二頁。
(40)『池田大作全集』第九巻、聖教新聞社、一九九五年、五一九頁。

(41)『御書全集』一四二九頁。
(42)『御書全集』一五〇六頁。
(43)『御書全集』一五一二頁。
(44)『御書全集』一二五三〜一二五四頁。
(45)『御書全集』一四八一頁。
(46)『御書全集』五七四頁。
(47)池田大作『新・人間革命』第二六巻、聖教新聞社、二〇一四年、八〇頁。
(48)『御書全集』一四三〇頁。
(49)『御書全集』一三二〇頁。
(50)『御書全集』一五七〇頁。
(51)『池田大作全集』第八一巻、聖教新聞社、一九九八年、二四六頁。
(52)『御書全集』一九二頁。

【初出一覧】

まえがきに代えて——書き下ろし

第一章——『東洋学術研究』第五三巻第二号、東洋哲学研究所、二〇一四年十一月

第二章——『研究　東洋』第六号、東日本国際大学出版会、二〇一六年二月

第三章——『東洋学術研究』第五八巻第二号、東洋哲学研究所、二〇一九年十一月（「仏教者の戦時対応に対する解釈の可能性——創価教育学会の事例に即して」を改題）

第四章——『Journalism』No.306、朝日新聞社、二〇一五年十一月（「なぜ安全保障法制に反対しないのか——創価学会・公明党の行動原理を解く」を改題）

第五章——『研究論集　東洋思想』創刊号、東日本国際大学東洋思想研究所、二〇一〇年二月

第六章——『研究　東洋』第四号、東日本国際大学出版会、二〇一四年二月

第七章——「サティヤーグラハ一〇〇周年記念　日印共同シンポジウム」発表論文、主催・ガンジー研究インド委員会、東洋哲学研究所、二〇〇七年四月（「ガンジーと戸田をつなぐもの」を改題）

第八章——未発表原稿

第九章——東洋哲学研究所編『友人葬の現在——変わりゆく葬送儀礼』東洋哲学研究所、二〇〇六年二月（「死者はどこにいるのか——日蓮仏教の視点」を改題）

創価学会の思想的研究

下巻　人権・共生編

第三部　仏法と人権

第四部　共生へのアプローチ

※近日刊行予定

松岡幹夫（まつおか・みきお）

1962年、長崎県生まれ。創価大学教育学部卒。東京大学大学院総合文化研究科博士課程修了。創学研究所所長。東日本国際大学東洋思想研究所所長。公益財団法人 東洋哲学研究所研究員。著書に『日蓮仏教の社会思想的展開』（東京大学出版会）、『平和をつくる宗教』『[新版]日蓮仏法と池田大作の思想』（以上、第三文明社）などがある。

創価学会《そうかがっかい》の思想的研究《しそうてきけんきゅう》　上巻《じょうかん》　平和《へいわ》・非暴力編《ひぼうりょくへん》

2020年9月8日　初版第1刷発行

著　者　松岡幹夫《まつおかみきお》
発行者　大島光明
発行所　株式会社　第三文明社
東京都新宿区新宿 1-23-5
郵便番号　160-0022
電話番号　03-5269-7144（営業代表）
03-5269-7145（注文専用）
03-5269-7154（編集代表）
振替口座　00150-3-117823
URL　https://www.daisanbunmei.co.jp

印刷・製本　藤原印刷株式会社

ISBN 978-4-476-06239-7